人を育む人間関係論
援助専門職者として，個人として

服部祥子
大阪人間科学大学名誉教授

医学書院

服部祥子（はっとりさちこ）

1940年，大阪に生まれる。
1965年，岡山大学医学部を卒業。大阪大学医学部精神神経科副手，大阪府中央児童相談所判定課医師，大阪市南保健所主査，大阪市立小児保健センター神経科医長，大阪府立公衆衛生研究所児童精神衛生課長，大阪教育大学教育学部助教授，大阪府立看護大学看護学部教授，大阪薫英女子短期大学教授を経て，2001年より大阪人間科学大学教授。2014～2016年頌栄保育学院院長・頌栄短期大学学長，2015年より神戸市シルバーカレッジ学長。現在，大阪人間科学大学名誉教授。専攻は精神医学。

著書に，『あこがれの老い──精神科医の視点をこめて』『生涯人間発達論──人間への深い理解と愛情を育むために』（以上，医学書院），『親と子──アメリカ・ソ連・日本』『精神科医の子育て論』（以上，新潮選書），『子どもが育つみちすじ』（新潮文庫），『こころの危険信号』（編著，日本文化科学社），『乳幼児の心身発達と環境──大阪レポートと精神医学的視点』（共著），『阪神・淡路大震災と子どもの心身──災害・トラウマ・ストレス』（共編）（以上，名古屋大学出版会），ほか。

● **人を育む人間関係論**
援助専門職者として，個人として

発　行：2003年5月1日　第1版第1刷ⓒ
　　　　2020年10月15日　第1版第12刷
著　者：服部祥子
発行者：株式会社　医学書院
　　　　代表取締役　金原　俊
　　　　〒113-8719　東京都文京区本郷1-28-23
　　　　電話　03-3817-5600（社内案内）

印刷・製本：富士美術印刷

本書の複製権・翻訳権・上映権・譲渡権・貸与権・公衆送信権（送信可能化権を含む）は株式会社医学書院が保有します．

ISBN978-4-260-33279-8

本書を無断で複製する行為（複写，スキャン，デジタルデータ化など）は，「私的使用のための複製」など著作権法上の限られた例外を除き禁じられています．大学，病院，診療所，企業などにおいて，業務上使用する目的（診療，研究活動を含む）で上記の行為を行うことは，その使用範囲が内部的であっても，私的使用には該当せず，違法です．また私的使用に該当する場合であっても，代行業者等の第三者に依頼して上記の行為を行うことは違法となります．

JCOPY〈出版者著作権管理機構　委託出版物〉
本書の無断複製は著作権法上での例外を除き禁じられています．複製される場合は，そのつど事前に，出版者著作権管理機構（電話 03-5244-5088，FAX 03-5244-5089，info@jcopy.or.jp）の許諾を得てください．

はじめに

　人がこの世にある限り，人間関係をもたずに生きるわけにはいかない。人間はその字の通り，人と人の間で生きるしか他に道がないからである。しかも人間関係はいつもスムーズに運ぶとは限らない。複雑にもつれたり，脆弱でもちこたえられなかったり，人間性がないがしろにされて苦しくなったり，と危うくなることも多々ある。それは親子，夫婦，友人，恋人等の間柄でも，会社や近所のつきあいでも，人間関係の達人と思われやすい援助専門職者の対人関係すらにも，しばしば見られ，失敗や困難性に直面することもある。

　しかしそれを恐れる必要はない。人間関係がはじめからうまくいき，一度も失敗をしない人などおそらくどこにも存在すまい。生きている人間は1人ひとり違うし，同じ人間でも時や場所や状況で気分や行動は異なるので，今うまくいっていても次の瞬間はどうなるかわからない。まさに千変万化の人間関係である。それではどうすればよいのか。

　人間関係は発達するものである。そのためには基本的な知識をしっかりもち，人間と人間の触れ合いをさまざまに経験し，技術（スキル）を豊かに磨くことが必要である。それも表面的なわざだけを習得するのではなく，内面の人間性をより成熟発達させることが，本当の人間関係を育てる。逆もまた真で，人間関係が豊かになることで，人間としても成熟する。人間性と人間関係は車の両輪のように互いに深くかかわり合いながら，人生という長い道を歩むのである。

　本書はこのような考えのもとで，人を育むことを目標にして書いた人間関係論である。内容は3部に分かれており，まず第Ⅰ部では自と他の関係性やコミュニケーション，人間関係の生涯発達や国際比較等，人間関係を築くための土壌に必要な基礎知識を解説している。次いで第Ⅱ部では家族・夫婦・親子，教師・学生，職場の人間関係等，社会生活の中の代表的な人間関係をテーマにしてその歴史性や文化性の考察から病理的な状況や人

間関係をよりよくするスキル等についても述べている。

　最後に第Ⅲ部では援助専門職者と病者，高齢者，障害者との人間関係をとりあげ，解説している。それは私が精神科医であるため，医療・保健・福祉・教育領野の専門職者が対象となる人とより豊かな人間関係を築くことを願うからである。

　その意味で私は，まず医師，看護師，保健師，社会福祉士，介護福祉士等，メディカル，コメディカル，保健，福祉・教育の領域の専門職にある人々およびそれを学んでいる人々を対象にして本書を書いた。しかし専門職者としてすぐれた仕事をしていても，個人としての人間性や人間関係が危うい人もいる。専門職者としてのみではなく個人としても，より豊かな人間関係を育んで欲しいという願いも本書には込められている。また一般の人々の中にもさまざまな人間関係に悩みそれをのり越えたいと思っていたり，また今よりもっと豊かな人間関係を築きたいと願っている人も多くいる。さらに専門職者ではないが家族や周りの病者，高齢者，障害者の世話や支援をしている人もいる。そういう人々も念頭に置きつつ筆を進めた。もし目に触れ読んでいただければ幸いである。

　また，前著『生涯人間発達論——人間への深い理解と愛情を育むために』（医学書院，2000）と本書は一生涯の人間らしい発達を考えるという視点を共有している。本書とペアにして読んでいただければ無上の幸いである。

　人（自分も他者も）を育む人間関係をあせらずたゆまず築いてゆくことを願って。

2003年3月

服部祥子

人を育む人間関係論
援助専門職者として，個人として

はじめに ———————————————————————————————————— iii

第Ⅰ部　人間関係の基礎知識

1章　人間関係論の基本的視点

人間は「人と人の間」で生きるしかない ———————————————————— 2
自分も他者も生きいきと生かされるのが真の人間関係 ———————————— 3
人間関係は発達する ———————————————————————————— 5
人はさまざまな人間関係をもって生きる ——————————————————— 7
人間関係は自然・文化・社会通念に影響される ——————————————— 8
対人援助における人間関係の学びの重要性 ————————————————— 10

2章　自分と他者の関係性

自分（私）とは何か―自我と自己 —————————————————————— 12
〈私〉と他者との出会いとその関係性―マーラーとスターンの学説 ————— 13
他者とは何か―「重要な他者」の存在 ———————————————————— 16
さまざまな対人感情―とくに共感について —————————————————— 18

3章　自分と他者のコミュニケーション

コミュニケーションとその動機づけ―人間関係を成立させるもの —————— 21
コミュニケーションのもち方―「ジョハリの窓」にみる自他の関係性 ———— 22
バーバル・コミュニケーションの力―人間関係をつなぐ主役 ———————— 24
ノンバーバル・コミュニケーションの妙味―人間関係をつなぐ大切なわき役 — 26
コミュニケーション・スキルの発達―動機づけの強化とことばの修業 ——— 28

4章　人間関係の生涯発達

- 新生児期の人間関係―母親との出会い ― 31
- 乳幼児期の人間関係―親的人間，家族の中で ― 33
- 学童期の人間関係―友だちとの触れ合い ― 35
- 思春期・青年期の人間関係―親からの自立と友愛 ― 36
- 成人期の人間関係―新たに縁を結ぶ人々との出会いとつながり ― 38
- 老年期の人間関係―さまざまな別れとしめくくり ― 39

5章　人間関係の国際比較――親子の対話を中心に

- 独立的親子の，ことばを重視する対話―アメリカ ― 41
- 絆の強い親子の，情緒性に満ちた対話―ソ連(現ロシア) ― 44
- 共生的親子の，非言語的・情緒的対話―日本 ― 46
- 人間関係に影響を与える要因 ― 47

第II部　人間関係の諸相

6章　家族関係

- 家族とは何か―定義と機能 ― 52
- 現代日本の家族―核家族化・小家族化 ― 53
- 現代家族の病理性―幻想家族から崩壊家族へ ― 56
- 家族関係の未来―高齢社会への展望と新しいヒューマン・ネットワーク ― 61

7章　夫婦関係

- 結婚および夫婦関係―歴史の流れの中で ― 64
- 現代の新しい夫婦関係―試練と危機の中で ― 65
- 夫と妻のライフ・サイクル―各々の時期と発達 ― 66
- 夫婦関係のゆらめき―さまざまな不和とそのタイプ ― 70
- 夫婦関係の解体―さまざまな離婚とそのタイプ ― 72
- 夫婦関係の未来―新しい夫婦観に向けて ― 74

8章　親子関係

- 親子関係の特異性―血縁ということ ——— 76
- 親子関係と子どもの発達―親の養育態度と子どものパーソナリティ傾向 ——— 78
- 親子関係の現状―大阪レポートの指摘 ——— 81
- 母子関係―「母性」が見直されるべきとき ——— 83
- 父子関係―父親登場とその意義 ——— 84

9章　教師・学生関係

- 教師と生徒・学生の人間関係―発達段階にそって ——— 87
- 教師と大学生・短大生・専門学校生の人間関係
  　―援助専門職（とくに看護職）養成教育の中で ——— 93

10章　職場の人間関係

- 職場というもの―集団の視点から ——— 99
- 職場機能とコミュニケーション―円滑な流れをつくるために ——— 103
- 職場のメンタルヘルス―ストレス・マネジメントの重要性 ——— 106
- 保健・医療・福祉機関の人間関係―専門職者がチームを作る中で ——— 110
- チーム・メンバーのメンタルヘルス―とくに看護師の場合 ——— 113

第Ⅲ部　対人援助における人間関係

11章　病者と援助専門職者の人間関係―看護領域を中心にして

- 病者とは誰か―正常・異常にとらわれることなく ——— 116
- 病者の心を理解すること―人間らしさを失わぬために ——— 117
- よりそうことと理解すること―看護における人間関係の基礎 ——— 121
- 援助の与え手と受け手は共同作業者―サリヴァンの理論より ——— 123
- 出会いから別れまでの援助―ペプロウの理論より ——— 125
- 病者と家族・友人の絆―映画『マグノリアの花たち』の悲喜こもごも ——— 127

12章　高齢者と援助専門職者の人間関係──ソーシャル・サポートとQOL向上

　高齢社会の到来──長寿とそれがもたらすもの ──────── 132
　生涯人間発達論における老年期の意味──「自我の統合」対「絶望感」の葛藤 ──── 137
　老いの二面性──映画『八月の鯨』の2人の老女 ──────── 138
　高齢者と援助専門職者の人間関係──高齢者のニーズとその対応の中で ──── 140

13章　障害者と援助専門職者の人間関係──在宅ケアを視野に入れて

　障害とは何か──障害の概念と構造 ──────── 146
　障害をもつこと──さまざまな人生周期の課題の中で ──────── 150
　障害者の理解──映画『レインマン』に見る障害者の内面性の魅力 ──── 153
　障害者の生活支援──その基本的視点 ──────── 156
　在宅ケア──障害者と援助者の人間関係 ──────── 158
　介護する家族の悲しみと幸せ──大庭利雄の『終わりの蜜月』より ──── 162

おわりに ──────── 166
人名索引／事項索引 ──────── 168

表紙デザイン　菅谷貫太郎／イラスト　福島光子

第Ⅰ部
人間関係の基礎知識

1章 人間関係論の基本的視点

人間は「人と人の間」で生きるしかない

人と人の間

　人間は何人も1人では生きられない。その字の示すとおり、「人と人の間」においてのみ存在するものだからである。
　人間が他の人間とかかわる時、何らかの結びつきが生まれる。これを人間関係という。和語にも、ゆかり、よすが、つて、てづる等人間関係を示す言葉があるが、これは血縁、地縁、組織内等における人間と人間の微妙にニュアンスの異なる関係性が、人間生活に古くから息づいていたからであろう。
　人間関係は1つではない。何人もさまざまな他者とさまざまな関係をもちつつ生きる。しかも相手が異なれば同じ人間でも関係のもち方は異なる。さらに相手が同じでも、時間や状況が異なれば、違った関係性になる。
　その上、そばにいる多くの人間もまた、各々関係の糸を他者との間に結んで生きている。そのため、互いにからみ合ったり、もつれたり、1つになったり、切れたり。複雑きわまりない。だから夏目漱石のつぶやきがもれるのかもしれない。『草枕』[1]の冒頭で。

　　山路を登りながら、こう考えた。
　　智に働けば角が立つ。情に棹させば流される。意地を通せば窮屈だ。兎角に人の世は住みにくい。

　たしかに人間関係はむずかしく、人の世は住みにくい。しかし冒頭の嘆息のすぐ後で、漱石は人の世が住みにくいからといって越す国はあるまい、という。そして越すことのならない世が住みにくいなら、住みにくい

ところを寛(くつろげ)て，束の間の命を，束の間でも住みよいところにせねばならない，と結論づけている。

漱石一流の諧謔もあるが，真理である。人間は人間世界から逃げ出すわけにはいかない。のみならず，少しでも住みよいところにしようと努力すべきである。人間関係の研究や学びは，「人と人の間」で生きるしかない人間の，もっとも根源的で大切なテーマなのである。

自分も他者も生きいきと生かされるのが真の人間関係

では，この世を住みよいところにするための真の人間関係とは何か。

人間は，まず自分自身が心地よく快適で，楽しいと感じる人間関係をもとうとする。たとえば，自分が喜ばしくなるような結びつきを，身近にいる夫(妻)や親(子)や上司(部下)との間に求める。また，気の合う友人や仲間とスポーツやゲームや語らいをもつことにより，楽しい気分になりたいと願う。悩みや心配ごとがあれば，それを誰かに聞いてもらいたいと思い，友人知己にその役割を期待する。さらにいざという時には，助けてくれる人がそばにいて安らぎを与えてほしいと思う。

これらは必ずしも要求通りの関係性の獲得に成功するわけではない。また，今うまくいっていても，次の瞬間には結びつきが切れたり，暗雲たちこめて険悪なものになることもある。しかし成否いずれにせよ，人は自分が生きていくために，心地よい人間関係をもちたいと願う。この素朴な希求は，決して不健康なものではなく，十分にうなづける。

しかし，自分の欲求充足と快適さを求めるが故の手だてとして，相手と人間関係をもとうとすることだけでは，生きいきとした人生の実現にはならない。自分の利害を中心に置く一方的な関係性は，深みや豊かさにおいて不足があり，不完全である。真の人間関係は，自分と他者が出会い，相互を脈々とつなぎ，いずれをも生きいきと生かす全人的なかかわりの中でこそ成立し，成熟するものである。

孤高の宗教哲学者，マルティン・ブーバー(Buber, M.)は，その著『我と汝』[2]の中で，真の人間関係について深く考察している。

〈我と汝〉　ブーバーによれば，世界は人間のとる態度によって，〈我と汝〉と〈我

〈我とそれ〉　とそれ〉の2つとなる。その内，全人的包括的な〈我と汝〉の関係性こそが重要で，現代文明の危機は，〈我と汝〉よりも〈我とそれ〉が圧倒的に強くなった結果である，という。すなわち，現代人は，相手を物的な客体として経験し，〈それ（彼，彼女）〉として関わるため，相互作用の中で相手と出会うことも，向き合うこともなくなり，〈我と汝〉の関係性が衰えているという指摘である。

　ブーバーはいう。

「〈われ〉は〈なんじ〉と関係にはいることによって〈われ〉となる。〈われ〉となることによってわたしは，〈なんじ〉，と語りかけるようになる。すべて真の生とは出会いである」

「関係は相互的である。わたしが〈なんじ〉に働きかけるように，わたしの〈なんじ〉はわたしに働きかける」

　このように，この世界の一切のものはこの〈我と汝〉の関係の中で生起し存在する。そしてその時，自分も他者も生きいきとしたものになるのである。それは人間と人間の間のみならず，人間と自然の間にも，また男女，親子，きょうだい，友人の間にも，幼児にあっても，老人にあっても存在しうる。つまりブーバーは，人間の在り方の最も根底のところに，〈我と汝〉の本格的な関係や結びつきを置いたのである。

　ブーバーの考えに従えば，前述の自分の欲求充足や快適を求めて人間関係を結ぶことは，〈我と汝〉ではなく，〈我とそれ〉の側に立つことになろう。なぜなら，これは真の出会いではなく，たとえ〈なんじ〉と呼びかけても，〈なんじ，わが利用できるものよ〉と想っているに過ぎないからである。

　もちろん凡庸な私たち多くのものは，人間関係を結ぶとき，そのような功利的な心地よさを求める日常的なつながりやつきあいが当然多々あるであろう。またあってもよい。ただ，それのみにとどまり，豊かな人間関係を味わうことなく終わる人生は，何とも貧弱ではなかろうか。自分と他者が生きいきと出会い，深い相互性の中で生きるという〈我と汝〉の関係性こそが真の人間関係であることを忘れてはならない。

人間関係は発達する

　人間は，この世に誕生した瞬間から人の間で生きる。すなわち，人間社会とのかかわりなしには生きられない存在なのである。それ故人間は，人生の出発点から生涯を終わる日まで，多くの他者との出会いやかかわりを通して，より豊かで深みのある人間関係を結ぶ力を発達させていく。

　たとえば乳児期。

　生まれたばかりの人間の子どもは，他の哺乳動物と比べると，四肢の運動器官はきわめて未熟である。そのため，身体を動かしたり，自律的に生活を営む力は非常に低く，ほとんどすべてを他者(母親または母親的養育者)に依存して生きるしかない。そのため，赤ん坊の認知能力は全くといってよいほど無視されてきた。

　しかし，新生児の中枢神経や感覚器官は，運動機能に比してはるかに成熟しており，すでに出生直後から能動的に世界を知覚し，学習し，情報を収集処理していると考えられる。つまり，保護を受けるだけの無力な弱々しい存在ではなく，周囲の人と生きいきとつながりつつ，人間関係の技(わざ)を少しずつ高め，深めているのである。

　たとえば，新生児学者のクラウス(Klaus, M. H.)らは，生まれてまもなく，母から子どもへ，子どもから母へと，母子相互の働きかけが起こることを見出している[3]。これはエントレインメント(entrainment)といわれるが，子は母の顔を見，母は子の顔を見る。子が泣くと母があやす。子は母の匂いをかぎ，母も子の匂いをかぐ。子が母の，母が子の，身体の温かさを感じる。このように母と子は互いの五感(触・視・聴・味・嗅覚)を通じて豊かなやりとり(結合と同調)を刻々とくり広げているのである。

　それはまず生理的なレベルにおいて，母子の健康的な発達を促すことになる。つまり，子どもは優しく抱かれ，十分に授乳されることで必要な栄養分を摂取し，身体を伸び伸びと成長させることができる。一方母親のほうも，子どもとの皮膚接触をはじめとする刺激を受けることにより，乳汁分泌の機能をもつプロラクチンや，子宮復古を促進するオキシトシンが豊かに分泌され，健康な身体の営みがすすんでいく。

母子相互の働きかけ
エントレインメント
(entrainment)

さらに新生児期から始まる母と子の相互作用は，心理的に大きな意味をもち，人間関係の輝かしい第一歩を記す。誕生の瞬間，へその緒の切断によって母との身体的な結合を失った乳児は，新たな未知の人間世界で，新たに他者（母）に出会い，心理的に再結合するわけである。もしその結びつきが成立するなら幸いである。自分と他者の最初の人間関係が，信頼感に満ちたものになるからである。

　さらに精神科医のスピッツ（Spitz, R.）は，3か月微笑と8か月不安という用語を用いて，乳児の人間関係の発達を明快に説明した[4]。つまり，生まれたばかりの新生児にはまだ対象物を自由自在に目でとらえることはできないが，3か月児は周囲の物を1つひとつ視覚的に把握することができ始める。その頃乳児に顔を近づけ，あやしたり，ほほえみかけると，乳児はそれに反応して自分もほほえむ。これを3か月微笑とよぶ。これは，生まれて3か月間，他者との豊かな相互作用を経験したが故の人間への愛着のあかしなのである。ただこの時期の微笑は対象にこだわらぬ無差別のもので，人間であれば誰に対しても示す情動反応である。

3か月微笑

　ところが，それから数か月経った生後7, 8か月の乳児は，新たな行動様式を示す。いわゆる和語の人みしり現象であるが，スピッツはこれを8か月不安と名づけた。これは親しい特定の人（母親または母親的養育者）と一緒にいると安定するが，その人物がいなくなると泣いたり，不安を示すことである。その背景には，乳児がすでに愛情対象者を他の人々から区別して認識しはじめたという事実が存在する。これは，3か月時点より一段高い発達段階への到達を意味する。

8か月不安

　一例として新生児期から乳児期の人間関係の発達を述べたが，子どもから青年へ，そして大人へと人生を辿る中で，いかに人は人間関係を発達させうるものなのかを考察してみることはきわめて重要である。とくに人間関係を成立させる中核には，自己意識や自己感情，また対人意識や対人感情の発達がある。したがって，そのような人間性の成熟と呼吸を合わせながら人間と人間の関係性が発達していくという視点は，人間関係論の中心的テーマといえる。

人はさまざまな人間関係をもって生きる

　人はさまざまな人間関係の中で，さまざまな顔をもって生きる。たとえば家庭にあっては夫(妻)として，親(子)として，兄・姉(弟・妹)として等，学校においては教師(学生・生徒)として，先輩(後輩)として，○○さんの友として等，職場の中では上司(部下)として，同僚(横並びの関係者)として等，また地域社会では同じ町(市・県・国)の住人として，スポーツや文芸・芸術の趣味の集いや子育てグループ・高齢者グループのメンバーとして等々。数えてみるときりがないほど，1人の人間がいくつもの関係性の糸を他者との間に張りめぐらし，その一方の端をもって生活している。

　このような人間関係の諸相をそれぞれとりあげ，各局面の関係性の力動を眺め，考察することは，人間関係論の重要な仕事である。つまり，夫婦には夫婦関係，親子には親子関係があり，各々固有の特性や影響因子や発達過程を有しており，それを学ぶことは人間理解の力量を高め，また人間関係をより豊かなものにするスキルを磨く上にも意義深いからである。

　たとえば，夫と妻の人間関係は，性愛のパートナーという生物性に根ざす関係とともに，社会のありように多かれ少なかれ規制され，文化的・社会的なつながりとしての性格をも有する。さらに子どもを生み，養育するという親としての共同作業が加われば，直接的にも間接的にも父，母としての顔が夫婦の結びつきに影響をもたらす。

　また血縁という決定的運命的な絆をもつ親子関係とは異なり，夫と妻の場合は，各々全く異なった家庭で育ってきた未知の男女が出会い，共同生活を営む間柄であるため，時にその関係性は大きく変動・変容することもある。俗に「恋愛は美しい誤解」であり，「結婚は惨憺たる理解」であるという皮肉を交えた表現があり，苦笑いをすることもあるが，夫婦関係は夢と現実のはざまのいきちがいやずれを，いかに修正したり，調節したりするのかに存続の鍵があるのかもしれない。そう思うと，夫と妻という人間関係は，ある種のスリリングな冒険ともいえよう。それだけに，夫婦という人間関係を深く掘り下げて眺め，その関係性を成熟させるてだてを工夫す

ることは，なかなか興味深い作業ではなかろうか。

夫婦間の人間関係のみではない。いくつかの主要な人間関係の諸相をとりあげ，各々の個性的な意味やしくみについて味わいつつ考察することも大切な視点である。

人間関係は自然・文化・社会通念に影響される

人間は，自分をとりまく自然や風土，文化や伝統，社会通念や価値観に，陰に陽に影響を受ける。もっとも，人間には個人差があり，同じ環境の中にあっても全く異なる人間関係をもつ人もあり，厳密な共通項で一まとめにできないのも事実である。しかし同じ環境下にある同一集団を眺めていると，個人のレベルはともかく，やはりその集団としてのある共通の傾向やすう勢が見えてくる。このような比較文化論的アプローチもまた，人間関係を考える上の新鮮な手法といえる。

著者はかつてソ連（現ロシア，以下ロシアとする）のモスクワに2回，5年間（1969～72年，1979～81年），アメリカのニューヨークに1回，3年間（1975～78年）住んだことがある。各々の滞在期間の間に日本での生活が挿入しているので，ほぼ3年間隔で3つの国を移動して生きたことになり，なかなか興味深い発見があった。その1つが，人間関係の国際比較である。

詳しいことは第5章でとりあげるので，ここではその一例，親が子どもにしつけをするやり方を比較して眺めてみよう。

デパートの人ごみの中で，4～5歳の幼児が人や物にぶつかるのもお構いなしにあちこち駆けまわる。また何か買って欲しくてわめきちらし，自分の思い通りにならないと大声で泣いたり，床に寝そべって手足をばたばたさせて怒る。そんな情景はどこの国でも多かれ少なかれ見られるが，その時そばにいる親がどのように対応するか……。

ヒステリックか冷静か，憤怒してか余裕をもってか，の違いは多少あるが，おしなべて子どもの示す好ましくない行動を許さず，お尻を叩き，毅然として叱る等の手段を用いて子どもを支配的に統制しようとするのは，アメリカの親。

駄々をこねる子どもの後を追いかけて行き，言い分を聞いてやったり，抱き寄せたり，望みのものを買ってやったりして，子どもの行動を是認し，許容するのはロシアの親。

　人目を気にしておろおろしたり，そばに行ってくどくど説教したり，叱っているのに最後は折れて子どもの言いなりになったり，中には全く注意も叱責もしなかったりと，不安定，矛盾，無視等の対応をするのは日本の親。

　もちろんすでに述べたように，1つの国で皆同じ態度をとるというわけではないが，おしなべてこのような三国三様の親の対応のスタイルがあるように思えた。では，その背景には何があるのか。

　まずアメリカの社会は西欧と同様，伝統的に個人を尊重する傾向が強い。さらに多種多様な人種が集まって，わずか2～3世紀の間に一大国家を作り上げたという荒っぽい歴史をもつ国である。アメリカ人は男性も女性も，他人に依存せず，自らの力で生きぬく強い人間を理想とする。そのため，「Spare the rod, and spoil the lad（ムチを使わない親は子どもを駄目にする）」という格言があるほど，子どもに厳しいしつけをすることをよしとする伝統的な考えがある。したがって，親は支配的に子どもを厳しく統制し，まわりの大人も親が訓練・指導することをよしとする。ただ，これが極端に流れると，未熟な親による児童虐待になる。現在，親の誤った厳しさによる悲惨なケースは年間百万件を超えるといわれ，アメリカの社会問題になっているのも事実である。

　次いでロシアだが，あの国の人々は圧倒的な気候・風土の厳しさの下で，また当時は社会主義国の雄という自由諸国とは異なる統制下にあって，不便で不自由な苦しい生活を余儀なくされることが多かった。そのため，親は子どもに少しでも楽しい思いをさせたいという気持ちが強い上に，元来子どもの弱さやあどけなさを愛する民族的体質もある。子どもにだけは楽しい思いをさせ，その喜ぶ顔を見ていたいと，ロシアの親は過保護に，時には過剰な愛ともいえる思いをもって子どもに接しているようだった。

　最後に日本。戦前の日本のしつけは厳格で，とくに公の場では世間体もあり，行儀作法を厳しくするという伝統があった。ところが戦後，アメリカを中心とする諸外国から自由や民主主義の思想が流れこんできたため，

かつての伝統は失われた。しかも欧米に根づいている社会性や自由自主の本質もまだ十分に育ってきていない。そのため，米・ロに比べて日本の親はどこか信念が確立しておらず，前述の場面でも，不安，不安定，もしくは矛盾した対応をとりやすい。しかも近年は子どもの野放図を自由とはきちがえて，しつけや教育をしない親や，子どもに無関心でネグレクト（無視，怠慢）に近い対応をするものも増えてきたように思う。

このように人間関係は，諸側面における環境の影響を敏感に受ける。本書，人間関係論ではその角度からもアプローチして考える。

対人援助における人間関係の学びの重要性

著者は医学を学び，40年近く，ささやかながらも精神科医の道を歩いてきた。その間，医学とくに身体医学は幾多の知識や技術をつみ重ね，機能的な検査や診察，高度な先端技術の開発とそれを駆使した治療法等をひたすら推し進めてきた。医学は病因を見出し，それと闘い，cureをめざすことを第一義とする領野であるから，それが間違っているとはいえない。ただ，かつての医学と比べると，現代は技術の進歩の陰で，治療を受ける人の，人間としての感情や思考や生き方等が置き去りにされがちのように見受けられる。医学に人間学の教育を，という願いが強くある。

対人援助を専門とする職種 (helping professionals)

一方，医師以外の対人援助を専門とする職種（helping professionals）への期待と重要性も年々高まっている。看護師，社会福祉士，精神保健福祉士，介護福祉士，理学療法士，作業療法士，言語療法士，心理学者等がそれである。各々学問としての高みをめざして発展し，より高度な専門性を用いて援助を求める人々のcareを進めようとしているのは心強い。とくに2016年には，人口の4分の1以上の27.3％を65歳以上が占めるという高齢社会が現実に到来している。また病気や障害があっても病院や施設ではなく，できる限り在宅や地域での生活をめざす潮流が強まっている。その意味で，各専門職者がそれぞれ，人に寄りそい，その人の人生に深く思いを向け，生きることそのものを支え，力づけるという，きわめて人間の匂いに満ちた仕事を実践することは意義深い。

cureもcareも対人援助という視点からみるといずれも大切なものであ

る。それを担うmedical, co-medical，いずれの専門職者も，人間関係についての基礎的な知識を獲得し，それを実践に生きいきと生かす技術を身につけることは何よりも望まれる。そして涼やかで凛（りん）とした理性と，人間への深い理解と温い愛情を豊かにもつ職業人に育ってほしい。その視点からも，対人援助における人間関係の学びはきわめて重要なのである。

●引用・参考文献
1) 夏目漱石：草枕，新潮文庫，1987.
2) Buber, M.,(植田重雄訳)：我と汝・対話，岩波書店，1979.
3) Klaus, M. H. & Kennell, J. H.,(竹田・柏木訳)：母と子のきずな，医学書院，1979.
4) Spitz, R. A.,: The First Year of Life, Int. Univ. Press，1965.
5) 服部祥子：生涯人間発達論―人間への深い理解と愛情を育むために，医学書院，2000.

2章 自分と他者の関係性

　人は生きてある限り，自分が重要である。どんな人も多かれ少なかれ自分を意識し，自分らしい感情や欲求をもち，自分として行動している。すなわち，主体としての自分を中心に置いて生きている。

　しかし同時に人は何らかの形で人間世界と接し，他者とのかかわりをもって生きていかざるを得ない。「私は私」と思っていても，他者は他者の思惑で眺めているし，他者に触れる時，自分の中にさまざまな対人意識や対人感情が湧いてくる。また時と場合に応じて，他者に対して何らかの態度や行動をとる。

　自分と他者の関係性はなかなか複雑である。自分とは何か，他者とは何か，両者の関係性はどのようにして成立するのか，それは発達しうるものなのか，等々の命題に目を向けることは興味深い作業である。

自分（私）とは何か
──自我と自己

自我
自己

　自分自身をあらわすことばとして，精神医学や心理学では，「自我」や「自己」を用いる。古来より日本語には，一人称代名詞の〈私〉としては，「わ，われ（我）」と「おのれ（己）」があった。その各々に「自」を冠するとこの2つになる。したがって，両者を同様の意味として使用する場合が多いのは当然だが，学問的には多少ニュアンスのちがいがある。

　英語には"ego"と"self"という表現がある。これは心理学者のジェームズ（James, W.）が，主体としての〈私〉（I or ego）と客体としての〈私〉（me or self）を分けて考えたことにも関係するが，通常前者を「主体的自我」，後者を「客体的自己」とよぶことが多い。つまり，"ego"を「自我」に，"self"を「自己」に，日本語に翻訳する場合には当てはめるのが一般的なようである。

　この主・客の論議は，リップス（Lipps, T.），ミード（Mead, G. H.），フロ

イト (Freud, S.)，ロジャーズ (Rogers, C. R.) らによる興味深い諸学説があるが，なかなか複雑で簡単には解説できない。一応大まかに定義すると，主体的自我とは，本人が自分の行動や意識的経験において主体として感知するもの，一方の客体的自己とは，主体的自我によって自分の姿として経験され，意識されるもの，といえよう。したがって，知覚，感情，思考，行動等をコントロールし，自覚する主体という意味が強いときには「自我」を，たとえば青年期の「自我の芽生え」「自我の確立」「自我同一性の獲得」というふうに用いる。それに対し「自己」は，主体である自分が，客観的に自分自身を見つめる作業の中で出てくる意識やイメージ（像）や意味づけとして，それぞれ「自己意識」「自己像」「自己概念」のような言い方で用いられる。

このように「自我」と「自己」は，厳密には微妙にニュアンスの異なる意味をもつ。もっとも両者はしばしば領域が重なり合ったり，区別が困難な場合も多く，また学者によって解釈のちがいもあり，必ずしも明確な使い分けがなされるとは限らない。

そこで本書では，「自我」や「自己」という用語も用いるが，主・客を包含した自分自身といった意味で，自分〈私〉という表現で述べる時もある。

〈私〉と他者との出会いとその関係性
—— マーラーとスターンの学説

人間はどのようにして〈私〉を発見するのであろうか。物心つかぬ生後まもない乳児は，自他が未分化で，自分や自己についての認識もなく，自我もまだみられない。しかし時間の流れの中で，自分を囲む外の世界に触れ，さまざまな経験をすることで，〈主体としての私〉（自我）や，〈客体としての私〉（自分自身の意識や能力や傾向等についての認識，自己）が生まれ発達をする。そして幼い日からの〈私〉が経験したことが〈私〉の中に蓄積され，それらの個人史的な記憶の一貫性によって，自分自身を〈私〉とする意識が支えられる。こうした時間的経過の中に一貫して存在し，継続的に発展展開をしてきたものがやがて〈私〉意識の中核になり，いわゆるアイデンティティとよばれる自己規定，「私は他ならぬ～である」の獲得へとつなが

る。

　こうしてみると〈私〉を発見し，それをより豊かにより力強く発展させていく作業には，何よりも経験が重要である。ことに〈私〉と周囲の他者との出会いが，閉ざされた〈私〉を開き，〈私〉が〈私〉を確かなものと感じ，意識していく上に大きな力になると考えられる。マーラー(Mahler, M.)の分離個体化論(separation individuation theory)は，そのような視点を基礎にした学説である。つまり，人生早期の3年間に「私は私である」という独立した主体としての認識を獲得していくプロセスがあると考え，それには他者との対象関係が不可分に作用し合うというのである。

分離個体化論
(separation individuation theory)

　マーラーの発達過程を概説すると，

①正常な自閉期(生後0〜1か月)：この時期の乳児は，自己と外界の現実世界を区別できず，主に生理的存在と考えられる。たとえ自分の快・不快が他の人の働きによって解決されているとしても，他者の行為が影響しているとみなすことができず，子ども自身がすべてを支配しているという意味で「自閉的」といえる。

②正常な共生期(1〜6か月)：子どもは他者(多くは母親)との間の心理的な共生関係を生きる。共生とは，2人の関与者の結合したエネルギーが，互いの生存に不可欠であるような相互の関係と定義される。互いが離ればなれになると，両者ともに「生きていけない」ように見える。つまり，自分自身と母親について抱く子どものイメージは，この時期では1つの共生的な単位といえる。

③分離・個体化期(6〜36か月＋α)：身体的発達(はいはい→つかまり立ち→ひとり歩き)とともに，共生の度合いは次第に減じ，母親から少しずつ身体的精神的分離をはかっていく。マーラーは相互に重複し合うことを認めた上で，分離・個体化の過程を次の4つの下位段階に分けている。

　　ⅰ)分化期：子どもは自己の身体像を母親の身体像から分化する。

　　ⅱ)練習期：子どもは自分のまわりの現実世界を積極的に探索し，母親に頓着していないかのように見える。

　　ⅲ)再接近期：練習がいまや完成し，子どもは自己の個体化へ母親が応答してくれることを新たに求めて，母親のもとに再び引き返してくる。

iv) 個の確立と情緒的な対象恒常化の萌芽期：対象恒常性は母親の励ましや支持といった陽性に補給される母親表象（イメージ）が内在化されてはじめて達成される。つまり子どもの精神内界では，自己表象と対象表象が分化・確立され，愛情対象としての母親のイメージが永続性をもち，母親が不在であったり，欲求不満を与えてもそのイメージが失われたり，破壊されることはない。これが情緒的対象恒常性の達成であり，それに対応して一貫性のある自己像が確立する。もはや子どもは母親と離れて1人でいることができ，内部からの刺激を外部からの刺激と識別する確固たる自我境界を確立し，自我機能を健康に発達させていくことができる。

このようにマーラーの分離・個体化論は，人生早期の自我が，いかに他者（対象者）と出会うことで花開いていくのかを明瞭に述べたものである。彼女の考え方は，青年期にこれと類似した過程がおこるとして，ブロス（Blos, P.）が第2の個体化として注目している。またカーンバーグ（Kernberg, O.）やマスターソン（Masterson, J. F.）はそれぞれ，境界パーソナリティの病理を考える際に，マーラーの再接近期を重要視している。

自己感の発達　しかし近年スターン（Stern, D.）は，マーラーの理論に批判的な修正を唱え，自己感の発達という独自の理論を展開している。彼は，乳児は生まれた直後から外界の刺激を活発にとり入れており，決して自閉的ではなく，豊かな母親との交流があるという。そしてその中で乳幼児は，成長につれて順次4つの異なった自己感（新生自己感，中核自己感，主観的自己感，言語自己感）の出現をみ，それぞれが乳幼児の発達を構造化すると考えた。

以上，2人の学説は異なる見解をとるところもあるが，いずれも対人的なかかわり合いを重視している点は同じで，人生早期の〈私〉と他者との出会いとその関係性がいかに重要なものであるかを力説している。

他者とは何か
――「重要な他者」の存在

  他者とは何か。自分以外のもののことである。ただここでは，自分以外のものすべてを他者というのではない。何らかの意味でその存在を〈私〉が認知する場合に限り，〈私〉との関係性においての他者とみなされる。

重要な他者
(significant others)

  他者の中でも，「重要な他者(significant others)」の存在は大きい。この用語をはじめて使用したのはサリヴァン(Sullivan, H. S.)[1)]である。彼は子どもの感情移入(empathy)の対象という意味でこれを用いた。たとえば幼少期に出会う親や養育者等，ある重要な大人と特別な結合関係をつくることにより，その重要人物の感情や期待をとり入れる体験(時にその人物に承認されたりされなかったりする体験も含む)を通して，対人的な安全を保障する自己態勢(self dynamism)を形成すると考えた。これはいわば文化への同化過程であり，社会化していく上の重要なプロセスとなることを意味する。

感情移入
(empathy)

自己態勢
(self dynamism)

  このように「重要な他者」は，子どもの自我形成に大きな影響を及ぼす人物であるが，それが誰であるかは発達とともに変化する。乳幼児期には，まず大半の人において母親が優位にこの地位を占める。また父親，祖父母，兄弟姉妹等の家族が登場することも多い。

  やがて年齢の上昇とともに生活空間が広がり，教師や友人(同年輩)，家庭外の人物が「重要な他者」として優位になってくる。さらに青年期では友人や仲間がこの役割を担う。同じ悩みを分かち合ったり，社会へのかかわりを共有したり，将来の人生設計や進路選択を検討し合ったりする。「重要な他者」の存在の意味は大きい。また青年期の異性の友人は，ジェンダーの意味や性役割の習得等に重要な影響を及ぼす。次いで成人期を迎えるが，この時期になると配偶者，職場の同僚や先輩，さまざまなかかわりの中で見出し信頼できるようになった知人が「重要な他者」としての役割を担い，人は自我の成熟と社会化を一層深めることができる。

  このような「重要な他者」の存在は意義深いが，時代とともにそれが変化し，かつてとは異なる様相を呈しつつある点にも留意せねばならない。

まず核家族化は子どもから祖父母とのかかわり合いの機会を奪った。少子化は兄弟姉妹の結びつきのチャンスを大きく減少させた。近年の産業社会は父親不在の家庭状況をつくりだし，子どもの過密な塾通いや外食の増加は，家庭における母親との触れ合いや交流を減じ，母親の「重要な他者」としての地位は低くなりがちである。またかつては子どもの尊敬の対象であり，生き方のモデルになることの多かった教師も，近年の学校現場では必ずしもそうはなっていない。その上，遊びが欠如したり，大きく減じたために対人関係をもつことが不得手な若者が増えている現代，前思春期から青年期の同性・異性いずれの友人関係も貧弱なものとなり，同世代人の中に重要な他者を見出すことが相対的に少なくなっている。

　このように現代社会においては，かかわりをもつ他者，とりわけ子どもの自我形成において大きな影響を及ぼす「重要な他者」が，子どもの生活空間の中から減じていることは認識せねばならない。

メディア

　それと同時に近年のマスメディアの発達にともなって，メディアに登場する人物が新たに「重要な他者」として高い地位を獲得していることにも，注目を怠ってはなるまい。メディアに登場する人物（実在の人間であろうとフィクション中の登場者であろうと）とのかかわりは，〈私〉と〈あなた〉という相互性をもたず，間接的である。人格を備えた人間同士が対峙することもない。それでいてそうした人間を「重要な他者」としやすいのは，人と直接向き合うことを避けたい心情をもっていたり，自分の快のみを追求する傾向のある子どもや若者に多い。アイドルタレントの女性が投身自殺をした後，何人もの自殺者が出たり，少年による殺傷事件の後，同様の行為をする若者が出現する等，まさに未熟な感情移入や同一化のプロセスがいとも簡単に起こってしまうほど，メディアを通して子どもや若者の心に影響を及ぼす「重要な他者」が登場してくる。さらに加速度的に発展する携帯電話やインターネットが，かつて考えられた人間と人間の関係というものとは程遠い奇怪な出会いや結びつきや行動を生み出している。それは時に人間の生死をも巻き込むほどの重要な意味をもつ様相にまで，容易に進展する。もちろん，メディアを通して健康で明るい人間関係の成立や「重要な他者」の出現もあるとは思うが，少なくとも人類が地球上に出現してこの方，一度も経験したことのない〈私〉－他者の関係性であることは間違いない。

さまざまな対人感情
──とくに共感について

　〈私〉が好意をもっている相手なら食事に誘われると大喜びをする。その人が何か失敗をするとかわいそうに思って同情し，何か手助けをしたいと思う。一方〈私〉が嫌いな相手なら，食事に誘われると厭な気持ちになる。そしてその人の失敗には同情もせず，時にはほくそ笑んだりするかもしれない。

対人感情
　このように〈私〉と他者との関係性において対人感情は実に重要な役割を果たしている。むしろ対人感情が対人関係を左右するといっても過言ではない。

　では対人感情とは何か。それは日頃から〈私〉が他者に対してもっている持続的で根底的な感情のことである。もちろん長い間には愛が憎しみに変わることもないとはいえないが，かなり長期的にもっている，相手に対する恒常的な感情を指す。

情緒
　一方，対人関係の感情的側面には，もう1つ，情緒がある。情緒は一時的瞬間的な感情のことで，たとえばカッとなって怒るとか，パッと喜びに心がふるえる等。このような瞬間的な情緒が発動することにより，〈私〉の思考や行動はしばしば引きずられる。

　しかし，その情緒も根底にある対人感情によって大きく左右されている。つまり対人関係においては，対人感情が基底にあり，その上で他者との具体的やりとりをする中で，その内容如何によって瞬間瞬間の情緒が生まれると考えればよいだろう。

　このような対人感情については多くの学説があるが，齊藤[2]は近年の心理学の研究成果を検討した上で8つの対人感情に整理している。それを参考にして対人感情を図式化してみよう（図1）。まず2つの基本的な軸がある。1つ目の基本軸(x軸)は好嫌の軸で，一方が好意の感情，他方が嫌悪の感情を表わす。2つ目の基本軸(y軸)は優劣の軸で，一方が優越の感情，他方が劣等の感情を表わす。さらにx軸・y軸にはさまれた領域にもそれぞれ2つの軸，尊敬－軽蔑，慈愛－恐怖が想定され，人間の対人感情

図1　対人感情の図式

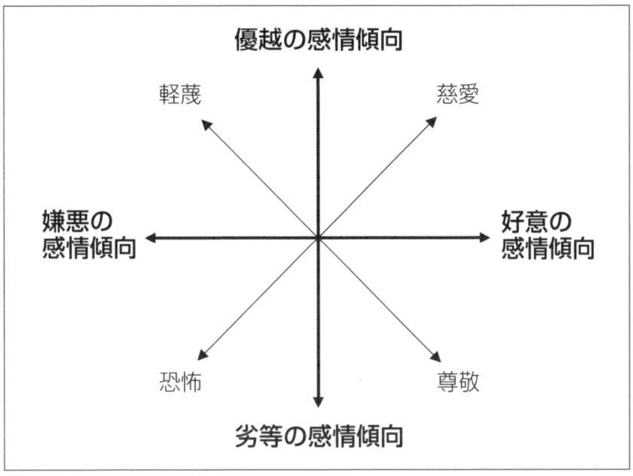

```
            優越の感情傾向
                ↑
     軽蔑  ↖   |   ↗  慈愛
              |
嫌悪の ←―――――+―――――→ 好意の
感情傾向       |        感情傾向
     恐怖  ↙   |   ↘  尊敬
                ↓
            劣等の感情傾向
```

は合計8つの感情傾向に整理できる。感情は複雑でとらえ難いものであるだけに異論はあろうが，1つの考え方として参考にできるものである。

　さて，ここで対人感情の中でとくに重要なものとして，著者は「共感」をあげたい。本来これはドイツの心理学者リップス(Lipps, T.)が最初に"Einfühlung"という語を用いて述べたものである。日本語ではこれを「感情移入」と訳した。ところが英語圏では"empathy"という語をこれに当てたため，それに対する訳語の「共感」が日本では重なり合った。このようにこの語については最初から混乱があった。リップスの提示したEinfühlung(感情移入)の概念は，「自然界や他人に自分の感情を知らず知らずに移し入れて，それら自身がその感情をもっているかのように感ずること」[3]である。たとえば，秋の末の寂しい自分自身の気持ちが自然界に投入されて，秋の月が寂しげに見えるというような体験である。これは端的に要約すれば，自分の中に生じている事柄が対象に移しかえられて認識されるというもので，「自分→対象」という方向の中での「投影」に近い概念といえよう。

　ところが共感(empathy)という現象は一般に，①人と人の間で，②主に感情に関して生ずる過程に限定され，しかも，③その感情が他者から自分に移入・伝達されるもの(他者→自分)と考えられ，感情移入との相違がみられる。

　共感を具体的に整理すると，①Aという人がある感情を体験しそれを表出しているときに，②その表出を認知した他者BがAと同様な感情状態を体験し，③しかもBは自分の中に生じたその感情と同種の感情がAの中に

Einfühlung
(感情移入)

共感(empathy)

起こっている(だろう)と認知している状態，といえる。この際，④の過程が生起するメカニズムには，無条件反射的な同一情動の誘発，情緒的な伝染，同一化，想像力による同種の体験の意識的追体験等さまざまな考え方がある。しかし何よりも大きいのは，自分の中の同一体験の再生とその投影であろう。たとえば子どもをなくした親の悲しみは，自分自身も子どもをなくした親の場合，自分が味わった悲しみを通して痛切に他者の感情を感受し共感できるように，自分自身の中の同種の先行経験との響きあい(あるいは，それへの照合)が大きく，この点を重視すれば，自分の経験を他者に投影する(自分→他者)といった感情移入と同質の方向性が強く浮かび上がってくる。

　ここで対人感情の中の共感をとくにとり上げたのは，医療の世界では，医師や看護者が患者に**共感的理解**(empathic understanding)を寄せることが重要だからである。つまり看護者が患者の内的世界に入り込んで，あたかも自分がその人になったかのように感じ，考え，見ることである。もっとも共感的理解においては，看護者自身の感情や体験や先入観にとらわれないこと，自他の区別が維持されること，自分の理解が患者の感じているものと真に合致しているか否かを絶えず確認していく努力等が求められる。もちろん看護者は専門職者として理性的科学的な診断的理解をもつことも大切であるが，解釈や批判や指示といった外側からの働きかけのみに終始せず，共感的理解を寄せることが強く望まれる。

　以上，〈私〉と他者との関係性を概説したが，自我も自己も，他者とのより多彩で，より豊かな関係性を経験する中で発達し成熟していくことを再度強調しておきたい。

●引用・参考文献
1) Sullivan, H. S. : Conceptions of modern psychiatry, Norton & Co. Inc., 1953.
2) 齊藤勇：対人感情と対人関係，対人関係の心理学，71-81，日本評論社，1998.
3) 新版心理学事典，126-127，平凡社，1983.
4) 梶田叡一：意識としての自己，金子書房，1998.
5) 服部祥子：生涯人間発達論─人間への深い理解と愛情を育むために，医学書院，2000.

3章 自分と他者のコミュニケーション

　人は孤独を求める生きものではない。多くの人はさまざまな理由で他者と触れ合い，人間関係をもとうとする。たとえば不特定の他者の中から自分の関心や感性に合致する相手を見つけると，近づきたい，親しくなりたいという特定の意図をもって相手に働きかけようとする。その時人は自分のほうから近づく，視線を向ける，話しかける等の接近行動をとる。最初は一方的な行動だが，相手もその刺激に動かされて反応すれば，親密な関係性へと発展する。しかし，相手がその働きかけを無視したり拒絶すると，双方向的なかかわりは成立しなかったり途絶したりする。また親密性が生まれた後，双方のいずれかの微妙な変化のため，自他の関係性は緊張をはらんだり，フラストレーション（欲求不満）を生み出したりする。このような自己と他者の関係性をコミュニケーションという角度から眺め，コミュニケーションはどのようにして成立するのか，コミュニケーションの技法とは何か，それを磨き高めるためにはどうすればよいのか等を考えてみよう。

コミュニケーションとその動機づけ
──人間関係を成立させるもの

コミュニケーション
(communication)

　コミュニケーション（communication）という語は，ラテン語の"communis"からきている。つまり人間が他者との間に"commonness（共通性）"をもとうとすることであり，具体的には情報や思想や態度を共有しようとする試みといってもよい。基本的には一方が何らかの伝達意図をもっていて，それを記号を用いてメッセージに構成し，一定のチャンネルを通して伝達・送信することから始まる。そして受け手は送り手からのメッセージを解読しようと試み，今度はこちらからそれに対する反応なり新た

な意図なりを返信する。このようにコミュニケーションの過程は交換し合い，反応的であるという意味で，循環性という特徴をもつ。

コミュニケーションは人間関係を成立させるものであるが，ではコミュニケーションはなぜ起こるのであろうか。まず動機づけ(motivation)が背景にある。たとえば相手に興味がある，知りたい，親しくなりたい，仲良くなって一緒にいたい等，相手への融合や親密性の願望がコミュニケーションという行動を起こさせる。その原動力は何も肯定的なもののみではない。相手への憎悪や抗争心から，また相手を困らせたり，苦しめたり，だましたりしたいという思いがコミュニケーションを成立させもする。

いずれにせよ，人をコミュニケーションに駆りたてる何らかの心理的な力が心の内面に存在しているのである。このような力を通常，心理学や精神医学では動因(drive)，欲求(need)，動機(motive)とよぶ。これらの語彙はほぼ同義的に用いられるのが一般的だが，動因は主に学習面で使われ，欲求は生物学的な欠乏状態を満たそうとする傾向を意味し，動機は日常行動の原因全体をさすというふうに，多少ニュアンスの違いがある。

このうち，動機は動因も欲求も含む概念と意味づけられることが多いので，一応ここでは動機を用いるが，動機が目標達成のために行動を起こすという過程をたどる時，そのプロセス全体を動機づけ(motivation)という。したがって，コミュニケーションとその動機づけが人間関係を成立させる基本といってよかろう。

余白注:
- 動機づけ(motivation)
- 動因(drive)
- 欲求(need)
- 動機(motive)

コミュニケーションのもち方
——「ジョハリの窓」にみる自他の関係性

何らかの動機づけによって成立するコミュニケーションは，自分と他者の出会いから両者間の人間関係の構築へと進んでいく。その過程について考えてみよう。

社会心理学の領域で，「ジョハリの窓」といわれる図式がある。これは他者と人間関係を結ぼうとする際に影響してくる「自己というもの」を，4つに分けて考えてみようとする試みである。

人はよく，自分のことは誰よりも自分が一番よく知っているという。こ

余白注: ジョハリの窓

図1　ジョハリの窓（Luft, 1969）

	自分が知っている	自分が知らない
他人が知っている	開放領域	盲点領域
他人が知らない	隠蔽領域	未知領域

れは人間，とくに人間の心の内面は，外にいる他者にはうかがいしれないという常識のようなものがあり，そう考えるのは自然ともいえるが，実際には当の本人が気づいていない自己というものもある。そこでまず，自分のことを「自分が知っている」領域と，「自分が知らない」領域とに分ける。

次いで，自分のことについて他人が知っていることもあるし，知らないこともある。そのため他人の視点からみた「自己というもの」は，「他人が知っている」領域と，「他人が知らない」領域とに分けられる。以上2つの軸を重ね合わせると図1のように4つの領域（窓）に分かれる。

この4つの領域にはそれぞれ意味があり，名称がつけられている。まず自分自身が気づいていて，他者にも知られている領域は「開放領域」とよばれる。これは自他双方に開かれた，いわば「公共的な自己」というべきものである。次いで自分は知っているが，他者には知られていない領域があり，ここは「隠蔽領域」といわれる。たとえば自分がひそかに抱いているさまざまな思いや悩みは，他人に知られたくないし，実際に誰かに打ち明けるまでは他人に知られていない。いわゆるプライバシーの範疇に入るものである。しかしこの領域も，不特定多数の人には隠していても，ある特定の人に打ち明け，相談にのってもらおうとする時，コミュニケーションによる自己開示が起こり，その人間関係においては開放領域へと変化していることになる。

開放領域

隠蔽領域

盲点領域
未知領域

その他，自分より他人のほうが自分のことをわかっている「盲点領域」，さらには，自分も知らないし，他人も知らない「未知領域」とよばれるものがある。

「ジョハリの窓」では，便宜上すべての窓を同じ大きさにしてあるが，これはもちろん，個人の性格や生き方，発達年齢によって大きく異なるし，また同じ人間でも時と場合，また対象によって変化する。

たとえば，日頃から自分のことについてよく話したり，自分の生き方や考え方を示したりする人の場合は，そうでない人より開放領域は大きい。また発達的にみると，まだ自分を客観的に眺めたり，自分を知ることの少ない児童期の子どもと，自我に目覚め，自己発見へと向かおうとする思春期の若者を比べると，後者のほうが自分を知っている領域が大きくなることが予想される。

さらにコミュニケーションが始まってからも，自分のことを積極的に相手に伝え，相手に知ってもらうことで親密さを増そうとする人は，相手にも同様の態度を示して欲しいと望みがちである。ところが相手が自己を開示せず，開放しようとする度合いが自分と比べてアンバランスなまでに小さい時，俗にいう"水くさい"とか"秘密主義"とか，自分を信頼してくれていないなどの感想を抱き，コミュニケーションが深まらなかったり，中断したりすることも起こりうる。

また，人は自己のある部分は他人に知ってもらうように示し，ある部分はわからないように隠しておこうとする時がある。そこには他者に自分を肯定的に（時には否定的に）印象づけようという特定の意図があり，情報を操作したり調整をするわけである。

このように，自分と他者のコミュニケーションのもち方はなかなか複雑だが，「ジョハリの窓」を1つのモチーフにして自他の関係性を考えると，整理しやすい。

バーバル・コミュニケーションの力
——人間関係をつなぐ主役

バーバル（言語的）・コミュニケーション（verbal communication）

コミュニケーションの技法としては，バーバル（言語的）・コミュニケーション（verbal communication）と，ノンバーバル（非言語的）・コミュニケーション（nonverbal communication）がある。いずれも人間関係には欠かせぬものだが，まず前者の言語を介するコミュニケーションを取り上げよ

う。

　ことば(言語)は，人間と人間をつなぐ手段の中でも，主役といえるものである。音声を媒介として表出される話しことばも，文字に書かれる書きことばも，ことばを発しないで理解する場合に比べるとはるかに明瞭である。ことばに表されることで，ある種の絶対感さえ感ぜられる。

　しかし，ことばは民族・人種によって用い方が異なる。たとえば日本とアメリカを比較すると，ことばによるコミュニケーションへの重きの置き方も，技法も，使用の際のスキルも，相当に隔たりがあるように思われる。

　日本では，古来より明瞭な言語を声高に用いることをあまりよしとせず，最高の美しさを「幽玄」と表現する美意識の国であった。つまり奥深く微妙で，たやすく知ることができないことを賞(め)で，言外にこそ深い情趣があるという価値観である。実際に人と人との関係性においても，ことばや文字によらず，無言のうちに考えが相手に通じるという「以心伝心」を尊び，ことばを使わずに人物の心の中を表現する「腹芸」を役者の最高の技とみなし，吐く息(阿・あ)と吸う息(吽・うん)のように，黙っていても自他の息が合う「阿吽の呼吸」をよしとしてきた。

　こうした土壌で生きてきた日本人は，公的な場でも(政治家や役人の発言はその好例だが)，考えや意見や思想などは曖昧模糊とした婉曲な表現が用いられることが多い。さらに私的な夫婦間に至っては，お互いが分かり合っているという錯覚とも妄想ともつかぬ前提に立って，ことばによるコミュニケーションを軽んじたり，ほとんど無視してきた。

　これに対し欧米，たとえばアメリカでは，ことばを大変重んじる。政治家やジャーナリストや学者の，政見や情報や学説は理論的で，明瞭で，感情に流されず，時にはユーモアの味付けさえされている。彼らの表現力は同職種，同様場面での日本人のそれとは雲泥の差がある。私的な夫婦間，親子間，知人同士の間柄においても，ことばは実に豊かに，濃厚に，さまざまな技をこらしてやりとりされ，アメリカ人はそれを好みとしている。

　このようなことばのコミュニケーション文化を生み出した背景には，アメリカの歴史があるのかもしれない。ネイティヴ・アメリカン以外は誰もいなかった大陸に，多種多様な人種が怒涛の如く次から次へと移住してきて，一大国家を作り上げた国である。言語も伝統も習慣も宗教も異なる人間同士が，1つの国で共同生活をするわけであるから，自分のことをでき

るだけ他者に示してわかってもらい，相手のこともできるだけ理解しない限り，人間関係の秩序は成り立たない。

　著者も3年間のアメリカ生活を経験したが，自分が本当に必要とすることは，自分で責任をもって相手に伝える姿勢が生きていく上に必須であり，黙っていても相手はわかってくれるという日本式甘えは捨てねばならぬということを，いろいろの場面で痛烈に学ばされた。

　このように日米間ではことばに関する文化の違いがあるが，これからの世界は（日本も含めて）ことばがコミュニケーションの主役であるということを認識すべきと思う。これは何も日本の文化が劣っているというのではない。むしろはるかに優雅でたおやかとさえいえる。しかしそれはかつての日本のように，人種も言語も他国に比してきわだって同質性の高い（homogeneous）文化のなかにあってこそ生かされたのである。ところが今や日本人の生活圏には外国人が急激に入ってきている。また，同じ日本人同士でも個性を尊ぶ潮流が強く，もはや他者が自分と同じような考え方や意見や生き方をもっているとは限らない。こうした現象は，アメリカ型の異質性の強い（heterogeneous）社会へと変貌していることを意味する。

　したがって今後は日本においても，アメリカと同様に，人と人をつなぐ架け橋として最も有力なことばがコミュニケーション手段の第一となるに違いない。そのためには，幼少期より言語による表現能力を育み，鍛える必要があるのではなかろうか。

同質性（homogeneous）

異質性（heterogeneous）

ノンバーバル・コミュニケーションの妙味
——人間関係をつなぐ大切なわき役

ノンバーバル（非言語的）・コミュニケーション（nonverbal communication）

　ノンバーバル（非言語的）・コミュニケーション（nonverbal communication）とは，表情，視線，身ぶりなど，ことば以外の方法を用いて人間関係をつなごうとする手段である。すでにことばがコミュニケーションにおいて大きな力を発揮することを述べたが，ことばによらないコミュニケーションも，独特の力と味がある。

　メーラビアン（Mehrabian, A.）は，ノンバーバル・コミュニケーションの道具として，次のものに着目している。相手との距離，上体の前後傾度，

両足の位置の非対称度，視線の交差時間，うなずき，体の前後への揺れ，手ぶり，表情等。その他，外観や服装や持ち物なども，ノンバーバル・コミュニケーションの役割を果たすと考えられる。

表情　　このうちもっともよく用いられるものが表情である。顔面上の表情の変化は，送り手にその意図があるかどうかにかかわらず，感情や情緒の変化をもっとも表出しやすい。しかもこれは目につきやすい手がかりなので，古くから研究者の関心をひき，たとえばダーウィン(Darwin, C.)も進化論的立場から表情研究を行っている。彼は『人間と動物における情動の表出』(1872)という著書をあらわし，表情の表出が人類という種に普遍的であると述べた。彼の学説はその後忘れ去られていたが，近年再びよみがえり，研究者に受け継がれている。たとえばエックマン(Ekman, P.)らは大規模な比較文化的研究を行い，怒り，恐怖，悲しみ，嫌悪，幸福，驚きの6つ(軽蔑を含めて7つとすることもある)の情動は，人類にほぼ普遍的な顔面の表情によって表出されることを見出した。

視線　　次いで視線の交錯。視線は実にさまざまな情報を伝達する。恋人同士がひたと相手の目をみつめ合う姿は，ことば以上に愛情の表現を伝え合っている。また売り場やレストランで用を頼みたい時，相手に視線を合わせるだけで意図を伝えられることもよくある。また，ことばでは楽しいとか，面白いとか，こちらの話に興味を示す表現をしても，相手が視線をそらしたり，落ち着かなくまわりに視線をさまよわせたりすると，話し手はことばとは違う相手の気持ちが伝わってくるのを感じ，話をやめたり，話題を変えたりする。このように視線は，意識的無意識的に自分からも相手からも，種々の，時には微妙な情報を伝達しているのである。

身体言語(body language)　　また非言語的なコミュニケーションとしての身体言語(body language)がある。これは身ぶり，姿勢，身体の動きなど，身体部位を用いて行われるものである。人はしばしば自分の内的な感情や情緒を身体のさまざまな動きを通して，意識的無意識的に伝達する。また相手の隠された意図が身体言語としてこちらに伝わってくることもある。パントマイムはまさにボディ・ランゲージの芸術といえる。また，ことばで表現すると同時に，それを強調したり，補足するために身ぶり手ぶりを動員することもよくある。

タッチング(touching)　　さらにお互いが身体を接触し合うというタッチング(touching)も，親密

な形で行われる非言語的コミュニケーションの1つである。出会いや別れ,喜びにつけ悲しみにつけ,人はさまざまに相手に触れたり愛撫をする。ことばとともに,あるいはことばはなくても,これは多くの思いを伝達する効果的な手段の1つである。

　ハーロー(Harlow, H. F.)のアカゲザルの実験はまさにタッチングの意味を明らかにしている。生まれたばかりのアカゲザルの赤ちゃんを母親から隔離して実験室で育てる際に,母親の役割をする2つの人形を用意した。一方は顔と胴体だけだが柔らかい布でおおわれているもので,他方は同じ顔と乳の出る人工乳房をもっているが,胴体は針金の籠でできている。それで行動を観察したところ,子ザルはお腹が空いた時にだけ針金の人形にとりつき乳を飲んだが,普段は布人形にすがりつき,抱きついていた。このことからアカゲザルの赤ちゃんに必要なものは,何よりも柔らかさの感触ということがわかった。

　一般的にも,犬や猫などペットの飼い主は,しょっちゅうペットを愛撫する。それは飼い主とペットの間に深い愛情と信頼の絆を結ぶことになる。

　このように非言語的コミュニケーションは,ことばに比べるとわき役ではあるが,なかなか微妙な情報を伝達し,人間関係の潤滑油のような味わいをもつといえるかもしれない。

コミュニケーション・スキルの発達
——動機づけの強化とことばの修業

コミュニケーション・スキル (communication skill)

　ではコミュニケーション・スキル(communication skill)を高めるにはどうすればよいのか。心理学や社会学の領域で,これについてはさまざまな角度から研究されているが,ここではもっとも大切なものとして動機づけを強くもつことと,ことばの修業を幼少期からつみ重ねることの2つをあげる。

　コミュニケーション・スキルは,まず対象になる他者を知りたいという興味や好奇心,相手に近づきたいという願望,自分のことをわかってもらいたいという意図などを強めることにより,生きいきとしたものに高めら

れる。

　知人のアメリカ人の英会話教師は，日本人の会話下手はコミュニケーションをもちたいという動機づけが弱いことが原因だという。これは文法中心の英語教育の問題や，シャイな特性が日本人の会話能力の低さの背景にあると思っていただけに，やや意外な感を抱かせた。アメリカ人からみると，日本人は本当に相手と関係性をもちたいという熱意があるのかどうかが明瞭には伝わってこないというのである。たとえば，生徒に週末をどうしていましたかと尋ねると，一所懸命答えるが，それでおしまい。生徒のほうも先生はどうしていたのか，と相手に問いかける興味を作動させないと会話は途切れる。どんな食べ物が好きか，何をしている時にわくわくするか，などの質問にも，何とか返答をするがそれで終わり。自分のことを伝えるとともに，相手はどうなのだろうと他者に目を向ける方向性が弱いので，会話は豊かにならない。したがって彼女は英会話を習いに来る人に，英語力を高めることはもちろん大事だが，それよりも，もっと相手とかかわりたいという思いを抱いて，積極的に相手の心をのぞき込もうとする情熱がコミュニケーション・スキルの最大のコツ，と教えるそうである。

　そういえばアメリカ人と話をしていると，こちらの質問に答えた後，必ず「あなたはどうですか」と聞き返してくる。「よい1日を！」とか，「どうぞお元気でね！」というと，「ありがとう」の後に必ず，「あなたもね！」と続く。コミュニケーションというものは，生きいきと内側から湧いてくる相手とのかかわりの欲望を火種にして燃えるものである。

　アメリカの詩人，ウォルト・ホイットマン(Whitman, W.)は次のように詠んでいる。

　　見も知らぬ人よ／あなたが行きずりに私に遇って／話しかけようと望むなら／話しかけて悪い訳がどこにあろう／又私があなたに話しかけて悪い訳がどこにあろう（『草の葉』，有島武郎訳より）

　人と人との出会いは偶然であり，行きずりのようなものである。その中で話しかけたいという素朴な願望を強くもつ時，コミュニケーションは生まれ，人間関係の物語が始まる。人間と人間の関係性の誕生とその存続には，このような，人間に向かうみずみずしい動機づけが大きな原動力にな

動機づけ

る。

　もう1つ，コミュニケーション・スキルを高めるものは，ことばの発達であり修業である。赤ん坊の頃からさまざまな体験をする中で，人は五感をふるわし，内なる感情が生まれ，イメージをかたちづくる。そしてそれを表現する記号としてのことばを知る。ことばは日々刻々，言語中枢に蓄積される。そして時と場所や状況に応じて，もっともふさわしいことばを貯蔵庫から選び出し用いる。このプロセスを多様に，また何度も経験する中で，微妙な人間関係を結ぶことばを心の内界から練りに練って取り出すことができるようになる。こうしたことばの修業を積むことが，コミュニケーション・スキルをより豊かに，味わい深いものに高めることになるのではなかろうか。

●引用・参考文献
1) 杉野欽吾他：人間関係を学ぶ心理学，福村出版，1999.
2) 安藤延男編：人間関係入門，ナカニシヤ出版，1988.
3) 服部祥子：生涯人間発達論―人間への深い理解と愛情を育むために，医学書院，2000.

4章 人間関係の生涯発達

　人は生まれて，育って，働いて，老いていく。そしてその間，さまざまな人間に出会い，関係をもつ。その営みはとぎれることなく続き，その中で人は他者とかかわる能力を発達させていく。誕生から死ぬ日までの生涯にわたる人間関係の様相を，人生周期(発達段階)にそって概観してみよう。

新生児期の人間関係
——母親との出会い

新生児期の人間関係

　生直後(新生児期)について，1つのストーリーがある。
　生まれたばかりのちっちゃなマルティナは，頭を少しかしげ，大きな黒い瞳を見開いてはじめてこの世を眺めた。その時彼女のすぐ眼の前に彼女を見守るローレンツ博士の顔があった。マルティナは博士の顔をじっと見つめた。実に長い間じっと。そしてローレンツ博士がほんのわずかに体を動かし，ひと言ふた言つぶやいた時，マルティナは早口で何ともいえぬ感情のこもった声をもらした。
　こうしてマルティナは生涯で最初の出会いをもった。生涯で最初のいくばくかの時間をローレンツ博士とともに過ごした。以後，彼女は何者にもなつかず，博士を自分の母親であると明確に決定し，どこまでも博士についていった。そして博士の姿が見えなくなろうものなら，声も枯れんばかりに泣きながら，つまずいたりころんだりしながら，死にもの狂いで探し回り，追いかけていくのだった。
　これはハイイロガンの子マルティナと，ノーベル賞受賞の著名な動物学者コンラート・ローレンツ博士の，微笑ましくも感動的な物語である[1]。
　ローレンツ(Rorenz, K.)は鳥類のヒナは社会的衝動も性的愛情も，その対

象を彼らがごく幼い時をともにした動物に向けることを見出し、刻印づけ（刷り込み，imprinting）の学説を唱えた。ガンの子マルティナは，人生ならぬ雁生の初期にローレンツに出会ったことにより，彼を母親として刷り込んでしまったのである。それは後になってどのように直そうと試みても，もはや二度とやり直しがきかぬほど強力なものであった。

　もちろんこれは鳥類の話で，人間の場合はそこまで早期の経験や学習が決定的なものになるほど単純ではあるまい。しかしローレンツの発見した鳥類における刷り込み現象は，人間の場合にも決して無視してはならない。人生最早期に誰と出会い，どのような経験をするのかは，多かれ少なかれ心の奥深くに刷り込まれると考えられるからである。

　新生児期は例外を除いて，まず母親の腕に抱かれてこの世に迎えられる。生物学的にまず最初に結ぶ人間関係は母親との間である。1章でも少し触れたが，新生児学者のクラウス（Klaus, M. H.）らによる，生まれてすぐはじまる母子の相互作用に関する学説は，生理的にも情緒的にもいかに重要な人間関係が母子間に存在するかを示唆している[2]。

　また小林らは，生後間もない新生児に母親の話し声を聞かせると，そのリズムに合わせて新生児が身体を動かすことを確かめている[3]。これは母子相互作用の同期現象と考えられ，母親と子どものコミュニケーションの妙味を示すものといえる。

　さらにイギリスの小児科医ボウルビィ（Bowlby, J.）[4]は，子どもをとりまく人々のうち1人の大人，とくに母親が乳児にとってはとりわけ重要で，人生早期の母子関係のあり方がその後の人間関係の基礎になるという考えを提出した。たとえば愛着（アタッチメント）理論は，乳児が食欲等の生物学的欲求の充足のためにのみではなく，情緒的に母親に結びつきたいという根源的欲求をもつという考えの上に立っている。また乳幼児は母親との親密かつ持続的でしかも両者が満足と幸福感によって満たされるような状態を必要としており，もしそれが欠如するなら，子どもの人格形成や精神的健康が損なわれる危険性があるとみなし，これをマターナル・デプリヴェーション（maternal deprivation，母性的養育の剥奪）とよび重視した。

　このように人生早期の新生児期には，母親が対人世界の中心に存在し，そこで経験されるものが人間関係の原初的なものになると考えられる。

（欄外）
刻印づけ（imprinting）
母子相互作用の同期現象
愛着（アタッチメント）理論
maternal deprivation（母性的養育の剥奪）

乳幼児期の人間関係
　――親的人間，家族の中で

　　哺乳動物の仲間と同じように，妊娠，出産，授乳は母親と子どもとの独占的な共同作業であり，人生最早期は母子関係が何よりも大きいことは否めない。

乳幼児期　　それに続く乳幼児期，ことに3歳ごろまでの幼い日々の人間関係においても，多くの研究や学説は圧倒的に母子のかかわりに熱いまなざしを注いでいる。それは，女性は生物的に子どもを養育する能力をもつという母性本能を前提にした考えや，「父親は仕事，母親は家事・育児」という役割分担を当然とした社会的風潮，さらには「母親に育てられる子どもはしあわせ」という情緒的な感想も加わり，国の内外を問わず強い風潮としてあったし，今もある。

　　学問的にこの考えを推し進めた研究者の筆頭は精神分析学の祖，フロイト(Freud, s.)であろう。彼はリビドー(広義の性のエネルギー)が年齢に応じてさまざまな身体部位によって充足され，それが人格を発達させるという，独自の精神性的発達論を提唱した。それによると，口唇期(0～1歳)や肛門期(1～3歳)には，リビドーの充足は授乳，そして排泄訓練のあり方に密接に結びついており，その役割を担う母親(すくなくともフロイトの時代には)が子どもの人格形成にもっとも強い影響力をもつという考えである。フロイトの理論では，エディプス・コンプレックスという，父・母・子の緊張と葛藤のテーマが台頭して来る幼児後期に至るまで，父子関係はほとんど触れられることがない。このようなフロイトの考えは多くの学説，たとえばボウルビィのアタッチメントやマターナル・デプリヴェーション理論等に脈々と受け継がれている。

精神性的発達論

エディプス・コンプレックス

　　しかし近年，核家族化や女性の社会進出の潮流が急速に大きくなり，子育てイコール母親の役割，という固定的な考えに疑問，批判，否定を打ち出す学説や研究が増えてきている。柏木はそのような父親論の学問的な流れを「発達心理学」の中で解説しているが[5]，とくに1970年代半ば頃より，アメリカを中心にして，子育ての中の父親にスポットを当てる研究が活発

父親

に行われるようになった。たとえばラムは『子どもの発達における父親の役割』を著し，父親を"子どもの発達に対する忘れられていたもう1人の貢献者"とみなして，父親が親であることの再発見を促している。例をあげると，ラムは生後7,8か月の乳幼児と両親の交流の観察から，子どもは母親にも父親にも愛着をもっていることを見出している。同様にリンも『父親―その役割と子どもの発達』という著作を世に送り，子どもにとって父親とは何かという命題にかかわる膨大な量の研究論文を紹介している。

　アメリカの名コラムニストの手になる『ボブ・グリーンの父親日記』は娘アマンダと新米の父親の泣き笑いの情景が，娘の誕生の日から満1歳の誕生日まで克明に綴られ，ベスト・セラーになった[6]。そして父親と乳児の父子関係がこれほど生きいきと展開することに多くの読者の共感が寄せられた。

　またボウルビィの提出したマターナル・デプリヴェーション理論に対しても，ヤーローをはじめとする多くの研究者が批判的検討を加えている。それらを総合すると，養育者が母親であるか否かということより，養育者がどのように子どもに接するか，また接触の際に子どもからのシグナルにいかに敏感に反応するか，といった養育者の質こそが重要という結論を導き出している。

　このように眺めてくると，小学校入学前の乳幼児期における人間関係は，母子関係のみに濃厚に偏するものではなく，父親も，時には祖父母や親しい大人たちも加わった**親的人間**との密で親愛に満ちたかかわりを子どもがもつことが大切といえる。そしてきょうだいも混えて，家庭というホームベースと，家族という単位がこの時期の子どもたちの発達に大きく関与する。すなわち社会という他人の世界に大きく歩を進めていく前の幼少期に，まず親的人間や家族とのさまざまな触れ合いの経験――愛情や信頼等のポジティブなものも，不安や緊張や不信等のネガティブなものも含めて――を豊かにもつことが，将来のさまざまな人間関係を結ぶ上に大きな意味をもつのである。

学童期の人間関係
――友だちとの触れ合い

学童期の人間関係　小学校入学から始まる学童期は，家庭から学校へと生きる世界の中心を大きく変える時である。そこで家族以外の人間，ことに友だちや仲間との出会いや遊びが量的にも質的にも豊かにあることが，人間性の発達や精神的健康にもっとも大きな意味をもつ。

遊び　遊びは赤ん坊時代から始まっているが，年齢とともに変化・発達をしていく。たとえば赤ん坊は手足を動かしたり，物に触ったりの感覚運動を中心とするひとり遊びが多い。少し長ずると，空のコップから飲んだり，椅子にまたがって馬に乗った気分になったりの虚構遊びが出てくる。さらに年齢が加わると，おままごと，お店屋さんごっこ，乗り物ごっこ等の"ごっこ遊び"や，テレビや書物に出てくる架空の人物をさまざまに表現する劇遊びや役割遊び等に熱中する。このように子どもは遊びを通して想像，記憶，思考等の精神機能を発達させるとともに，ひとり遊びから，大人の仲介も役立てつつ数人の遊び，さらには幼稚園，保育園，隣近所といった近接環境の中での多くの子ども同士の遊びへと人間関係を広げていく。

　そして迎えた学童期。乳幼児期よりも一段とスケールの大きい活動や技能を駆使した遊びが中心になる。たとえばゲームやスポーツのように共同で遊んだり，勝負を競うものが増えてくる。このような遊びは，自分と他者の密接な触れ合いの経験になり，それが自己意識や対人感情を大きく育てる。また社会のルールや規範を学び社会性を高める。

　学童期の交友関係の特徴は，異性を求めるよりも主として同性の仲間と群がるところにある。ことに学童期の中・後期頃の子どもたちは，集団遊びに熱中することが多く，アメリカではこれをギャング（徒党）と名づけ，

ギャング・エイジ　この年頃をギャング・エイジ（徒党時代）とよんでいる。映画『スタンド・バイ・ミー』は，ちょうどこの年頃の少年4人の共感と結束をよく描き出した作品である。

学び　さらに学童期の友人関係は学びを通しても意義深く存在する。学童期の特徴を心理学者のエリクソン（Erikson, E. H.）は「私は学ぶ存在である」とい

う言葉で表しているが，小学校入学とともに学習が子どもの生活の中心になる。学校教育は各国で組織的に行われるものであるから，知識や技能を身につける喜びとともに，多かれ少なかれ他者との比較の中で優越感や劣等感も生まれよう。また自分の能力の高低や仲間間での地位や評価を否応なく意識させられよう。

 しかしそれを恐れてはならない。人間は一生涯，何らかの意味で他者と競い合わざるを得ない場面に遭遇する。その時単なる勝敗に一喜一憂するのみではなく，"自分には自分なりの力がある"という自分固有の有能感（コンピテンス）をしっかりもっていることが大切で，これは学童期に培われるのがもっとも適していると考えられる。その意味で学童期の学びにおける友だちとの触れ合いは，他者との関係性を練磨するとともに，人間性の発達にも大きく役立つ。

有能感（コンピテンス）

 学童期の人間関係は遊びにおいても学びにおいても，友だち関係がもっとも重要である。したがって，もしこの時期に遊びが欠乏したり，学びにおける健康な競い合いが減少することは，その後の人間関係の発達や成熟に由々しき影響を与えることになると考えられる。またこの時期には教師との関係も重要である。学びにおいての関係性も大きいが，大人の他者としての出会いと信頼感は，学童期の人間発達にも，人間関係の成熟にも，大きな影響力をもつ。

教師

思春期・青年期の人間関係
——親からの自立と友愛

思春期・青年期

 思春期（puberty）は通常10代の初め頃の身体的な性の成熟の開始をもって幕を開け，完成をもって完了する時期を指す。青年期（adolescence）は，それに続く自立した大人への心理的・社会的な発達過程を意味する。両者は多少時間的にも質的にも発達階層を異にするが[7]，ともに子ども期と大人期の中間の時間ということでは共通するので，ここでは一括して扱う。

 今までの子ども時代には日々の生活をともにし，さまざまな思いや感情を多く示して理解と愛情を求めたのは，主として親に対してであった。親

もまた保護し，養育や教育をし，子どもと密接にかかわってきた。

　ところが，身体が大人になり，性的な色彩が若々しく突出してくる思春期・青年期になると，かつての子ども，今は若者もしくは青年とよばれる彼らは，もはや親とのつながりを人間関係の主軸には置かない。むしろ親との心理的な臍の緒を断ち，親に別離を告げ，親からの自立をはかっていこうとする。これは異性を求めるという性の衝動が若者を内側から強くつき動かすが故の健康な方向性なのである。そのような時間を生き始めた若者に親が従来通りの保護や干渉の手を加えようとすると，彼らは激しく親を批判したり攻撃したりする。それは親の存在を否定しているのではなく，子ども時代の親子関係を脱し，独立しようと望むこの時期にふさわしい心理的過程なのである。

親からの自立

　親から心理的に別れようとする若者にとっては，友人との出会いがもっとも重要な人間関係になる。学童期のところでも述べたが，子ども時代の遊び友だちとの結びつきを十分に経験したものは幸いである。異性の友であれば恋人に，同性であれば親友に，複数の友や集団であれば仲間になり，人間関係をさらに深める準備性が培われているからである。そして，さまざまな友愛は若者の人格を陶冶し，人間関係そのものもより深く発達させうる。

友人

　たとえば異性の友への愛情は，身体の成熟と性の欲動という生物学的プログラムの主テーマとして若者をとらえ，生きている実感を何よりも強くよびさます。しかし思春期・青年期の異性への愛は，内向的，爆発的，熱狂的，衝動的，破壊的な性格を帯び，きわめて不安定なかたちをとることが往々にしてある。それは心と身体の発達のアンバランス，未だアイデンティティ（自我同一性）を確立していない不確かさ，社会的な未熟さ等があるが故の危うさである。しかし傷つき成就せぬ結果になろうとも，この時期の異性愛は自己を見つめ，他者とつながる意味を考えさせる上で，きわめて意義ある経験になる好機である。

異性の友

　また非性的な同性の親友や複数の仲間と心をつなぎ，活動を共有することは，他者と共感したり，親密感や忠誠心を抱くよい経験になる。

同性の親友
仲間

　このように大人社会に入る前の思春期・青年期に，友愛という人間関係に重きを置きつつ，親から少しずつ自立していくことは，人間発達のもっとも健康な歩みといえよう。

成人期の人間関係
——新たに縁を結ぶ人々との出会いとつながり

成人期の人間関係　　成人式。一人前の人間としての承認の儀式。この日より若者は社会の構成メンバーとして，大人世界に仲間入りをする成人期を生き始める。

　成人期は長い。人生80年といわれる現代にあっては，成人してから相当の道のりを歩む。そして1人の独立した人間として社会を生きる中で，未知の人に遭遇し，さまざまな新しい縁を結ぶ。

恋愛関係
夫婦関係　　たとえば成人前期（20歳から30代半ばごろ）には，異性に出会い恋愛や結婚をする。その時には，恋愛関係や夫婦関係のありようが，大きな課題になる。

親子関係
職場・地域・
近隣社会の人間関係　　次いで成人中期（30代〜50代ごろ）。「人生の正午」ともいうべきこの時期には，子どもを生み，育てる人は，わが子との親子関係が重要なテーマとなる。また職場や地域，近隣社会において，人は多くの人々に出会い，さまざまな仕事や活動を共にする。その時の人間関係の様相は，1人ひとりが自分の生涯の物語を綴る過程において，大きなエピソードや筋書きにかかわりをもつものとなる。

　成人期に結ぶ人間関係は，夫婦にせよ，親子にせよ，職場や近隣の人間同士のつきあいにせよ，自分と相手の間に親密感，信頼感，共感，そして何よりも愛情を必要とする。つまり相手との相互性の中で，自分を大切にしつつ，他者を生かし，愛することが求められる。

　俗に，「愛は惜しみなく与え，惜しみなく奪う」といわれる。他者を愛することは，相手に与えることでもあり，裏返せば自分が奪いとられるという危機感もある。愛が成熟する時に初めて人はその葛藤を克服できる。つまり愛を与えために自分が失われたり，減少させられたと感ずるのではなく，自らを相手の中に投入することにより，自分自身も豊かになるという思いをもつことができるからである。

　このような人間関係をもつことができるか否かは，生まれた時から青年期までの人間的な発達が一番大きな鍵を握る。ことにアイデンティティの獲得が，おぼろげであってもなされていることが重要である。アイデンテ

ィティとは，自分自身が独自のものであるという認識をもち，内的不変性と連続性を維持していく能力（心理学的な意味での個人の自我）とその感覚（自信）のことをいう。つまり自分というものを発見し，主体性をもって生きていく自己の存在証明のようなものである。このようなアイデンティティをもった個人こそが，他のアイデンティティをもった人間と出会い，両者が結びつくことができるのである。

　もちろん，このような結合には，つねに困難や危険がともなう。それこそが生きる真実の姿であり，肯定的否定的いずれの経験も，より豊かに成長する可能性と壊れる危険性とを内蔵している。家族関係，夫婦関係，親子関係については第Ⅱ部で論ずる。

老年期の人間関係
——さまざまな別れとしめくくり

老年期の人間関係　　人生の最終章の老年期の人間関係の最大の特徴は，さまざまな別れに遭遇することであろう。

　年を取れば，やがて死という人生との別れが訪れる。また，わが子が独立して離れていくとか，定年退職後かつての同僚や仲間との日々が終わるという心理的な別れもある。人生の夕暮れで，人はそれまでに結んできた関係性を1つずつ失っていく。

　そのような老年期を生きる人の人間関係において，どんなものが中心にあるのであろうか。

自分自身との関係性　　1つは自分自身との関係性である。それまで歩いてきた己が人生の主人公である自分自身に，意識的無意識的に向き合い，さまざまな思いや感情を抱く。どんな人生にも光りもあれば翳りもある。それらを見渡し，自分の生涯は一体何であったのかと問いかけつつ，まとめ，しめくくろうとする。ときに反省や悔恨に圧倒され絶望の淵に立つこともあろうし，失敗や危機があったとしても自己を受け入れ，感謝や喜びを感じるときもあろう。そのような揺れ動く思いの中で，人は自分自身との関係性を統合してゆく。

人類との関係性　　もう1つは，人類との関係性。老いは多かれ少なかれ身体的機能や知的

図1　各人生周期における重要な人間関係

新生児期 ←→	母親
乳幼児期 ←→	親的人間，家族（母親・父親・祖父母・その他）
学童期 ←→	遊び友だち，教師
思春期・青年期 ←→	親しい友人（異性・同性・仲間）
成人期 ←→	新たに縁を結ぶ人々（恋人，夫・妻，わが子） 　　　　　　（職場の人々，地域の人々，その他）
老年期 ←→	自分自身，人類

能力に翳りや低下をもたらすが，それにもかかわらず，個人を越えた人間全般，いわば人類というものとの関係性に，何らかの意味で目を向ける場合が多い。それは立派な人間観や人生哲学を表出することのみではない。"人間というものは……"と平易で，稚拙で，非論理的なものであっても，つぶやき語るとき，高齢者は人類とのトータルな関係性を要約しているのである。

　以上，誕生から老年期までの人間関係の発達の概略を述べたが，これを要約すると図1に示すようになる。人間関係は1人ひとりの人間の人格を発達させると同時に，人間性の豊かな発達が人間関係をより深く成熟させていく原動力にもなる。発達というテーマの面白さは実に限りない。

●引用・参考文献
1) ローレンツ，K., 日高敏隆訳：ソロモンの指環，早川書房，1973.
2) クラウス，M.H., & ケネル，S.H., 竹内・柏木訳：母と子のきずな，医学書院，1979.
3) 小林登他：周生期の母子間コミュニケーションにおけるエントレインメントとその母子相互作用としての意義，周産期医学，13巻，1883〜1896，1983.
4) ボウルビィ，S., 黒田実郎訳：乳幼児の精神衛生，岩崎学術出版社，1968.
5) 柏木恵子編著：父親の発達心理学，川島書店，1993.
6) グリーン，B., 西野薫訳：ボブ・グリーンの父親日記，中央公論社，1987.
7) 服部祥子：生涯人間発達論—人間への深い理解と愛情を育むために，医学書院，2000.

5章 人間関係の国際比較
――親子の対話を中心に

　人間関係のもち方やありようは，国により，民族・文化により，また時代によりさまざまな特性をもつ。同じ民族，同じ時代にあっても個人のレベルでみると，必ずしも共通に論ずることはできないケースが多々ある。一方では，情報の驚くほど広範かつ迅速な手段が発達した現代，世界は実に狭く近く，もはや個々の特性をもち得ないほどである。しかし，それでもまだ日本には日本の，アメリカにはアメリカの，といったそれぞれの個性が失われてしまったわけではない。グローバル化の進む今，人間関係の国際比較というテーマをとりあげ，変わりゆく様相も含めて考えてみたい。

　とくにここでは，アメリカ，ソ連（現ロシア），日本をクロスカルチュラルなアプローチで眺めることにする。著者が居住した経験をもつ2つの外国，米・ソはかつての東西世界の領袖であっただけに興味深い国である。しかし，人間関係といってもあまりに広く，とらえがたいので，人間関係のなかでも親子関係，とくに「対話」に視点を向けてみようと思う。なぜなら，対話は2人の人間が向かい合って行う作業であり，そこには関与する2人の人間の関係性がもっともよく見えるからである。また両者の通い路には言語性，非言語性いずれものコミュニケーションが不可欠で，関係性の結び方が浮かび上がってきやすい。さらに，対話のあり方から逆に親と子の人間関係のありようも浮かび上がるという利点もある。そのような理由から人間関係の国際比較の具体的作業として親子の対話をテーマとする。

独立的親子の，ことばを重視する対話
――アメリカ

　アメリカに3年間(1975～78年)住んで，日本とはずいぶん違うと感じら

ことば

れたものの1つは，人間関係に占めることばの重みである。「以心伝心」「阿吽（あうん）の呼吸」「目は口ほどにものをいう」といった，ことばを介さないでもわかりあえることを人間の通い合いの極意とするような日本文化の中で育った身には，アメリカの夫婦，恋人，友人はもとより，血の通った親しい親子までもが，お互いにことばを大事にし，ことばによって人間関係の強さや深みや味わいをさまざまに変え，数々のドラマを生み出していくことに，ある種新鮮な驚きを感じた。

それはアメリカのユニークな歴史に深く関係するのだろう。なにしろネイティブ・アメリカン以外は誰もいなかった空っぽの大陸を，わずか2,3世紀の間に世界一の大国に作り上げたのである。人種も文化も伝統も言葉もまったく異なる人々が移住してきて，翌日から共に生きるのであるから，

自主独立

自主独立の精神は何よりも求められる。そして自分の人生は自分が切り開いていかぬ限り誰も何もしてくれないし，自分と他者が理解し合うにはことばによるコミュニケーションを図らねばどうしようもないという人生哲学が，アメリカに住む人々に浸透していったといっても過言ではあるまい。

この「自主独立」と「ことばによるつながり」は，親子関係においても強く見られる鍵概念である。活発で自分の人生を生きることに熱心な親は，生後いくばくもたたぬ赤ん坊をベビーベッドに寝かせ，大方は親から離れた部屋で過ごさせるし，泣いたり甘えたりしてもむやみに抱かない。また両親が音楽会やパーティに出かけても，ベビーシッターとともにおとなしく待っていることが習慣づけられる。

そのかわり，子どもの生命や生きる権利を尊重する基本はしっかり存在し，親の虐待や怠慢はもとより，悪意はなくても不注意による子どもの事故や死に対しては厳しい法の裁きが用意されいてる。また，健全で賢い親は子どもを1人の人間として見るまなざしをもっており，乳幼児といえどもきちんと話しかけ，感謝や賞賛のことばを忘れない。結局どんなに小さくても親は子どもを1人の対象者として扱い，親は親の，子は子の人生を尊ぶという姿勢を強くもっているようだった。

実際アメリカの友人の家庭に行くと，何かことが起こった時，それをうやむやにせず，真剣に親子が議論を戦わせる姿や，"I love you" "あなたのような素晴らしい子どもをもってママは最高にしあわせ！" "僕のママは世

界で一番きれい！"などと，親子が互いに愛と賛美のやりとりを惜しまずにかわす情景にしばしば遭遇した。

　そのような親子の対話は，アメリカの小説や映画においても馴染(なじみ)の場面に多く見られる。『若草物語』の4人の姉妹はさまざまなできごとに出会うつど，心の奥深くに抱く思いを親に語り，親もまた相手を決して子ども扱いせず，誠実に真剣に親自身の考えや人生観をもって向き合う。これは古き良きアメリカの親子の対話の元型かもしれない。『大草原の小さな家』のローラたちが両親とかわす，時にはほほえましく，時には重い対話も，『小鹿物語』の父親が息子に"これは男同士の会話だよ"と語る場面も，いかにもアメリカ的である。

　また，映画『クレイマー・クレイマー』の中で両親の離婚という家庭の危機を，父が幼い息子にきちんと語り，息子も父のことばをじっと聞き自己主張するシーンは，ビリー坊やの愛くるしさもあって強く心に残った。このように親が子どもを保護し，子どもも親に依存して生きる幼い年代から，すでにアメリカの親子においては相手に自分の気持ちや考えをことばで伝える努力がなされている。

　さらに子どもが思春期になると，親子がいよいよ激しく対峙する場面が多い。ひとりっきりで人生を生き抜くというテーマに直面する若者を前に，親もまた己が人生や人となりをさらけ出して向き合う。両者の対話のすさまじさは，時には埋めようのない隔たりと孤立感と闘いを生み出すが，同時にその果ての和解や信頼に至ることも多い。

　スタインベック原作の『エデンの東』は人間の原罪を深く掘り下げた作品だが（その映画はジェームズ・ディーンの名を永遠のものにした），農業を営む厳格な父と2人の息子──真面目な兄と暴れん坊の弟──のかかわりと対話を，実に印象的に描き出している。とくにディーン演ずる次男と父親が向き合って発する言葉の1つひとつは，親子の愛と憎しみ，親愛と孤独等をしっかり包含するもので，おそろしいまでの確執をあらわしている。しかし，父の死に際で父と子が互いに相手を見出すことばのやりとりは，アメリカ人らしい対話の味わいを感じさせてくれ，胸を打つものだった。

　まだまだ例をあげればきりがないが，アメリカの親子の対話を少々乱暴ながら要約すると，お互いに個として向き合う独立的な親子の，ことばに

よるコミュニケーションを何よりも尊重するもの，といえよう。聖書のヨハネ伝第1章の冒頭に"はじめにことばあり"とあるが，アメリカ人の親子はことばの論理性を尊び，ことばの選び方や練り方を幼い日から修練しているように思う。

絆の強い親子の，情緒性に満ちた対話
──ソ連（現ロシア）

　かつて著者は2度，5年間（1969～72年，1979～81年），ソ連（現ロシア）のモスクワに住んだ。当時のモスクワは革命後50年，60年を経た社会主義体制下にあり，日本やアメリカとは経済的，政治的にまったく異なる世界であった。ただ，親子関係や人格発達，それにことばの特徴さえもが，前述のアメリカより日本に近いと感じられたのが興味深かった。

　たとえば著者の目に映ったロシア人親子（とくに母子）の姿は，大方が甘い情緒に満ちたものだった。デパートで物を買って欲しくて泣いている子どもがいたとすると，ロシアの母親ならばたいてい子どものかたわらにしゃがみこみ，頬の涙をふいてやり，抱きしめて言い分を聞く。そして買える物なら買い与え，買えなければ泣き止むまで何度も何度もなだめてやっていた。これがアメリカなら，おそらく母親はしっかり子どもに向き合って話し合いをし，道理が通じれば子どもの意志を尊重するが，通らねば"駄目"と言い渡し，それでも子どもがいうことを聞かずに泣きわめくなら，容赦なくお尻を叩いて叱るにちがいない。

　娘たちの通ったロシア人学校でも，子どもを大切に思い，ひたすら守り愛する親と，親に密着する子どもの姿をよく見かけた。毎年9月1日は入学式だが，その日の新入生と親の姿はいかにもロシア的だった。校長先生や来賓の挨拶も耳に入らぬふうで，親はわが子の服やリボンを直したり，話しかけたりしながら片時もそばを離れようとしない。子どももひたと親に身を寄せている。そのため，教室に入る時になってもなかなか事が進まず，係の先生がメガホンを口に当て"親も子も互いに離れてください"と大声で呼びかけ，ようやく子どもの列が動き始めるといった調子だった。そしてその後も親は立ち去り難い面持ちでわが子の教室の窓を見上げたり，

木の陰で涙ぐんだりしていた。

　このようにロシア人の親は子どもに過剰といえるほどの保護や手助けをし，子どもの側はそれを喜び，素直に頼りきる。したがって親子の対話も，小さいなりに独立した存在と認めて，わが子に親が向かい合うという形にならず，母子共生・結合の中で，きわめて積極的な結びつきをもとうとしているように思われた。

母子共生・結合

　これは10代の若者と親との関係でも多かれ少なかれ続く。町でも背丈が同じくらいの母子が肩を寄せ，手をつないで歩く姿をしばしば見かけた。わが家の手伝いをしてくれたマーシャと大学生の息子との対話も面白かった。ある時，息子が母親への届け物をもって訪ねてきた。マーシャは彼の姿を見るや否やぱっと頬を染め，そばに飛んでいき，愛おしさをこめたまなざしで語りかけた。"ワロージャ，寒くなかったかい？おおこんなに蒼い顔をして。熱でもあったらどうしよう。道はすぐわかったかい？地下鉄の駅からここまで雪の中を歩いて疲れただろうね。お前は本当に優しい子だね…"。母親よりはるかに上背のある息子が口をきく必要もないほど，マーシャは小さい子どもに語りかけるように話し続けた。

　これに似たロシア人の母子の情景はロシア文学にしばしば出てくるが，母子のみならず父子についても，ツルゲーネフの『父と子』の中で印象的に描かれている。この作品は父と子，言いかえれば古い時代と新しい時代の運命的葛藤が主題だが，素朴で愚かで純真で涙の多い老父は，滑稽なほど息子を理解していない。それでいて心からの愛を息子に抱き，語りかける。その情緒性はいかにもロシア産といえる。

情緒性

　著者が生活をしたソ連という国は今はなく，人々の生活も大きく変わったので，かつての親子関係は必ずしも当てはまらないかもしれない。しかし，近年2度モスクワを再訪した印象では，国名がロシアになっても親子関係は基本的にはソ連時代と同質のものが多いように思われた。今も昔も変わらぬ過酷な自然と，不便で不自由で厳しい社会環境があり，それが小さい者，とくに子どもを可愛がる民族性をロシア人に与え続けているのかもしれない。いずれにせよ，過保護の親と未熟・依存型の子どもという親子の組み合わせが多く，その結果，結合感（絆）の強い者同士の情緒的な交流を目的とした対話が，ロシア的なものと要約できるように思う。

共生的親子の，非言語的・情緒的対話
——日本

　さて，日本の親子の対話はどうか。アメリカやロシアのように日本文学や日本映画の中から何か印象的な例を，と思ったがなかなか見つからなかった。著者が知らないだけかもしれないが，あったとしても何となくアメリカのように親子各々が輪郭のはっきりした人格をもって向き合い，自分のことばを用いて交わるという作品は多くはないように思われる。むしろ親と子の対話などというと，照れくさいような，歯の浮くような気持ちが根底にあり，ことばをかけ合うよりもどこかさりげなく，それでいて奥深いところで親子が結ばれているというようなものが日本人好みの名作ではないだろうか。とすると，日本人にとって親子の対話，ことにことばを重視する対話は，真正面から大げさにとりくむテーマではないのかもしれない。そしてその背景には，自己の境界を鮮明にして他者との対象関係を成熟させていくという人格発達の方向性が，外国，ことにアメリカに比べて弱いことがあるように思われる。

　M・マーラーは，人生早期の人格発達と対象関係を考察したが，まず誕生とともに母の胎内の母子共生に訣別した子どもは，出生後1か月間の正常な自閉期を経た後，再び心理的に母親との強い共生関係を経験すると述べている。そしてその再共生の後，3歳頃までに時間をかけて次第に母親から分離していき，個としての自分を発達させていくと解説している。精神医学者の土居健郎[1]は夏目漱石の文学をひき合いに出し，日本人の「甘え」を鋭く指摘しているが，「甘え」をマーラーの学説に当てはめると，母親からの分離個体化とそれに続く発達の時期になってもなお，日本人の精神の基底部には乳幼児期の母子共生感が存続していると考えられる。もしくは母子共生への回帰を願う気持ちがある，といえるのかもしれない。つまり日本の親子，ことに母子はこの共生感が強いため，お互いにお互いがわが内に住んでおり，何もあらためて自と他として向き合い，ことばをつくしてわかり合うといった必要性をもたないという意味合いがあるのかもしれない。

甘え

一方，父子関係はどうか。父親は子どもから見れば距離のある，一種孤立感のある存在だが，日本人好みの「父の背を見て子は育つ」ということば通り，子どもにとって父親は背中を向けてはいても存在感が伝わってくるというような，つながりを重んじる伝統があった。したがって，父親のほうも親子の対話等と正面きったものではなく，ことばとしてはほとんど意味をなさないような交流でも，何となくそれで安心できるといった，やはり大きな意味での親と子の甘え(共生感)が根底にあるように思われる。

　このように日本の親子の間の対話は，共生的(相互に"甘え"の強い)親子が，ことばに重きを置かず，否，時にはことばを用いねばならない間柄を良しとはせず，いわば非言語的・コミュニケーションのパターンをとることが多い(少なくとも近年までは)といえよう。

非言語的・コミュニケーション

　もちろん冒頭に述べた如く，グローバル化しつつある現代，きわだって鮮明な個性を各々の国の親子の対話が示すとは限らないが，1つの概説としてはそれほど離齬はあるまい。

人間関係に影響を与える要因

　では3国の親子関係や対話，ひいては人間関係がさまざまに異なるのはなぜか。それには，①自然・地理・気候的要因，②人種・体質・遺伝的要因，③歴史的・社会的要因の3つが考えられる。そこでこれらの要因にそって，3つの国をごく大づかみに概観しよう(表1)。

表1　人間関係に影響を与える要因

	アメリカ	ロシア(旧ソ連)	日　本
国　土	広い	広大	狭い
気　候	温暖〜厳しい	厳しい	温暖
人種・民族	多民族・移住性	多民族・土着性	ほぼ単一民族・土着性
言語・文化	異質多様性	異質多様性	同質性
伝　統	短い	長い	長い
宗　教	キリスト教優位	キリスト教優位→無宗教→ロシア正教	宗教性は希薄
社会体制	自由主義体制	帝政→社会主義体制→その後自由主義体制	自由主義体制

■アメリカ

広い国土 アメリカは広い国土と，温暖から厳寒までの幅広い気候というスケールとバラエティの大きな自然環境をもつ国である。ネイティブ・アメリカン以外には誰もいなかった大地を，旧大陸からの移住者が開拓し，道を作り，町を築き，わずか200〜300年の間に世界一の国家に仕上げたという荒っぽい歴史を有する。初めてニューヨークの地下鉄に乗ったとき，実にさまざまな肌の色とことばがうずまいているのが強烈な印象だったが，まさにアメリカは人種のるつぼといえる。その中で自分を見失わず，しかも多様性を受け入れねばならないとなると，自己を単独の主体としてつねに保たしめようとする価値観に裏づけられた強い個人主義や自主独立や開拓者精神とともに，異質の他者を理解し，ぎりぎりのところで共に生きる道を探るためのコミュニケーション・スキル（ことばや表現の明確さやユーモアのセンス等）を磨くことが重要になってくる。

コミュニケーション・スキル

現実主義 また建国から2世紀という若い国だけに，伝統の重みや束縛が少なく，現実に即して具体的に考える立場のプラグマティズムや，現実の利害を査定し，身軽に自由に動く現実主義的考え方や生き方が強い。宗教的にはキリスト教，とくにプロテスタントが歴史的に優位であったが，これはWASP（White-Angro-Saxon-Protestant）が国家の礎を作ったことに大きく由来するものであった。しかし20世紀後半にはその伝統も弱まり，マイノリティを含む多様な人種がさまざまな宗教観や価値観をもってアメリカで生きようとしており，ますます社会・文化的にはhetero-geneous（異質多様性）になりつつある。それだけアメリカは今，より一層の自立と共存が課題になっているように思われる。

異質多様性

そのような諸条件をもつアメリカという国での人間関係のもち方，ことに親子関係の対話が独立的な親子が対峙するかたちの，しかも言語を介在させるものになるのは，ある意味では当然の帰結かもしれない。

■ロシア

広大な国土 旧ソ連邦は世界の陸地の6分の1を占める広さがあったし，ソ連邦解体後のロシアもなお広大な国土を有する。気候は厳しく，とくに冬期の苛酷な自然環境はこの国の人々の生き方や人となりに，多かれ少なかれ必然的に影響を及ぼしていると思われる。

苛酷な自然環境

旧ソ連邦時代にはおびただしい数の語族を擁していたし，今日のロシアもシベリアや極東地方を包含しており，相当多様な人種・民族が在住している。そのあたりはアメリカとよく似ているが，ロシアの場合はほとんどが土着の人々で，長い固有の文化・伝統・言語・宗教を育み，守ってきた点がアメリカとは大きく異なる。また歴史的にはツァーの支配下（帝政）に長くあったものが，1917年の共産党革命により世界最初の社会主義国家を誕生させ，社会体制を大きく変えた。そして20世紀末にはそれも終焉を迎え，現在はポストソ連という新しい時代に入っている。このような歴史の大転換を経験している国であるが，旧ソ連時代にモスクワで5年間を過ごした著者の目から見ると，あの厳しい社会主義体制の下にあっても，ロシア人はかつての古きロシアの臭いを強く残していることを確認していたので，その意味では土着の文化・伝統は昔も今も体制の変化とは離れたところで生き続けていたように思われる。

> 土着性
>
> 社会体制の変化

　たとえば共産主義は「宗教はアヘンなり」として，公式にはキリスト教を切り棄てたが，実際には生き延びていた。またロシア人の精神の根底には，昔も今も十分に宗教的で霊的なものへの親愛感が強い。

　このように厳しい自然，不便で不自由で苛酷ともいえる社会的条件下に住むロシア人は，忍耐強さ，保守性，相互依存性，情緒性といった特性をもちやすく，それが先に述べたロシアの親子関係や，対話のあり方によくあらわれている。

■日本

　最後に日本だが，自分を鏡に映してみれば，おおよそ表1のような自然的・人種的・社会的特性が存在することがわかる。その中で生きている日本人の人間関係のあり方については，すでに文化人類学者，社会学者，心理学者，精神医学者等がさまざまに考察している。ざっと見まわしただけでも，「イエ」（大家族構成）と「ムラ」（地縁）は日本特有のものであるし，「義理・人情」「恥」「世間体」「分を守ること」「遠慮」「タテ社会」「間人主義」「甘え」「オモテとウラ」等が日本の人間関係を解くキー・コンセプトとして浮かび上がってくる。それらは日本というほぼ単一の民族が，2000年の長きにわたって四方を海に囲まれた島に住み，固有の文化や価値観のもとに土着で生きてきた国ならではの個性である。

甘え	たとえば精神医学者の土居健郎は「甘え」の概念を提起し，日本人固有の共生的な人間関係を示唆した。また彼は『表と裏』[2]という著書もあらわし，
オモテとウラ	オモテ(建前)とウラ(本音)の二面性と日本人の人間関係との関連を論じている。
間人主義	また社会心理学者の濱口惠俊[3]は，西欧人の個人主義と対比的な「間人主義」を日本人の人間関係に当てはめ，①相互依存主義，②相互信頼主義，③対人関係の本質視(「間柄」の持続を無条件で望む)の傾向が強いことを論述している。

　前述の日本人の親子関係や親子の対話のあり方は，日本のたどってきた歴史や民族性や文化・伝統と色濃く結びついているが，加速度的に社会が変わりつつある現在，日本人の人間関係はさまざまな試練を受け，変容を迫られるかもしれない。しかし，それは日本人のみの課題ではない。3国いずれもが，新しい人類の歴史の潮流のなかで，これからの人間関係や親子の対話のあり方を再考する必要があるように思われる。

●引用・参考文献
1) 土居健郎：甘えの構造，弘文堂，1971.
2) 土居健郎：表と裏，弘文堂，1985.
3) 濱口惠俊：日本人の対人関係観─「間人」と「間柄」，対人関係の心理学(星野命編集)，149-166，日本評論社，1998.
4) 安藤延男編：人間関係入門，ナカニシヤ出版，2000.
5) 服部祥子：精神科医の見たロシア人，朝日新聞社，1984.
6) 服部祥子：生涯人間発達論─人間への深い理解と愛情を育むために，医学書院，2000.

第Ⅱ部
人間関係の諸相

6章 家族関係

家族とは何か
——定義と機能

家族
家庭

家庭には家族がいる。家族は血縁と姻縁によって結ばれた親族の集まりであり，社会を構成する基本的な1つの単位である。

家庭とは家族が日々生活をする場のことをいう。ただし，家庭には夫婦や親子等が一緒に生活をする小さな集まりの意味もあるので，家族と家庭を区別せず，ほぼ同じものとして用いることが多い。本書でもそのような扱いをする。

家族の機能

家族は個人や社会に対して次のような機能をもっている[1]。①個人に対しては性的欲求の充足，社会に対しては性的統制。②子どもを生むことによって，個人に対しては親になる欲求の充足，社会に対しては社会成員の再生産。③経済的単位として，個人と社会に対して経済的秩序を維持。④第1次集団として，個人と社会に対して社会化と文化の伝達。⑤情緒的な人間関係の場である家庭をつくり，個人と社会に対して情緒的安定と社会の安定化。

このようにいろいろの機能をもつ家族の成員間の人間関係は，長い間の共同生活の中で深まるし，また家族なるがゆえの強い愛着も生まれる。しかし同時にさまざまないきちがい，齟齬，争い，緊張等の危機的状況も訪れる。こうした家族間の結びつきが家族関係といわれるもので，何人にとっても重要な人間関係の1つといえる[2]。

家族関係

家族関係は，時代，文化，伝統等のちがいによって異なる。たとえばつい先頃まで日本では「甘えの構造」といわれる日本特有の感情的結びつきの存在が指摘されていた[3]。親族間の融和や密着が強い傾向にあるといわ

れ，それが家族関係を強固なものにすると同時に，親子心中や家庭内暴力をひきおこす要因になるとも考えられた。

しかし，現代日本の家族は，かつての人間関係とはかなり異なる様相を呈してきている。もちろんこれは日本のみの現象ではない。世界的にも家族関係の変容は，近年足早に進んでいるといわれる。そうした変化を念頭に置きつつ，現代日本の家族や家族関係を眺めてみよう。

現代日本の家族
——核家族化・小家族化

家族というものには，社会的にみていくつかのタイプがある。家族集団の類型化や分類は学者によって多少異なるが，通常次の3つの形態に分けられることが多い。

核家族　　1）核家族（夫婦と未婚の子女からなるもの）

複婚家族　2）複婚家族（一夫多妻や一妻多夫という複合形態のもの）

拡張家族　3）拡張家族（結婚後も親と同居する大家族の形）

複婚家族や拡張家族は過去において多くの社会に存在し，また現在もより未開の地に主としてみられるが，今世紀に入り，欧米を中心とする高度産業社会を先頭に，この2つのタイプの家族は減少し，核家族化が進んできている。日本も同様である。

家父長制　日本には歴史的に家父長制が存在し，長い間家族制度として「家」のもつ意義が強かった。三世代，四世代にわたる拡張家族が，同じ屋根の下で共同生活をし，「家」の継続を継承しつつ生きることがもっとも一般的な姿で

表1　世帯数の年次推移　　　　　　　　　　　　（単位％）

年 世帯別	1955	1965	1975	1986	1995	2005	2015
単独世帯	10.8	17.8	18.5	18.2	22.6	24.6	26.8
核家族世帯	45.4	54.9	58.7	60.8	58.9	59.3	60.2
三世代世帯	43.9	27.3	16.9	15.3	12.5	9.7	6.5
その他の世帯			6.2	5.7	6.1	6.4	6.5

資料：厚生労働省「平成28年国民生活基礎調査」

あった。しかし戦後，子どもは成長すると家を出て，親から独立した世帯をもつ傾向が高まり，急速に核家族が増加してきた。**表1**はここ半世紀間の世帯数の推移である。

統計によると，核家族は1955年には45.4%であったが，20年後の1975年にはすでに6割近くに達し，以後横ばい状態を保っている。一方，三世代世帯は同じ20年間に43.9%から3分の1に近い16.9%に激減し，その後も減りつづけている。このように急激に核家族化が進んだ原因の1つは，1960〜70年代に始まった高度の経済成長による大量の人口の都市集中にある。また別の理由としては，個人の自由意志の尊重が強まるにつれ，親世代からの束縛を逃れ，夫婦中心の自由で独自の家庭生活を営みたいという志向性が高まったことも考えられる。

少子家族
小家族

さらに近年は，独立した世帯数が増えるとともに家族の構成員も減少し，小家族化が顕著になってきている(図1)。2015(平成27)年の平均世帯人数は2.49人という低さで，約60年前の1953(昭和28)年の5.00人と比べ格段の減少といえる。これは結婚していない青・壮年層が単独で世帯をもつ率が増えていることや，単身もしくは夫婦の高齢者のみの世帯が多くなっていることにも関係する。しかし，もっとも関心が寄せられるのは合計特殊出生率が減じていることである。つまり女性が一生の間に生む子どもの数の減少で，2005(平成17)年には実に1.26にまで落ちている。いかに子どもの数が減り，少子家族化が進んでいるかが数値からも明らかである。

合計特殊出生率

図1 世帯数及び平均世帯人員の年次推移

資料：厚生労働省「国民生活基礎調査」他　(注)平成7年の数値は兵庫県を除いたものである。

このような核家族化，小家族化は家族関係に大きな影響を与えると考えられる。祖父母やおじ，おば，いとこ等多様な年齢や性別や続柄が入りみだれる中での共同生活は，争いや，衝突や，感情の対立等複雑な状況を生むかもしれない。しかし同時に，仲介役の存在や緩衝地帯があり，逃げ場を見つけられる可能性も高い。ところが小家族，たとえば夫婦と子ども1人の家庭内では，人間関係は夫－妻，父－子，母－子の3通りしかないため，単純に考えても人間関係のバラエティが乏しく，家庭内に葛藤が生じた際には逃れるすべもなく直接影響し，その解決のゆとりが少なく，修復も困難になりやすいという指摘がある。

離婚
　また近年の離婚の増加は，核家族をさらに解体するもので，家庭の危機を招くことも多い。なかには離婚を望みながらも経済的理由から，または子どもの教育や世間体が気になるという理由から離婚はせず，いわゆる「家

家庭内離婚
庭内離婚」の状況にあるものも少なくないといわれる。この場合の家族関係の緊張とストレスは，離婚とは別の意味で大きい。

父親不在
　さらに核家族や小家族における「父親不在」も問題になることがある。単身赴任や長期出張等の増加は，物理的に父親の姿が家庭から消えることを意味する。また「仕事中毒」の父親は，共同生活をしている妻や子どもにその

仕事中毒
姿を十分に提示することがおろそかになり，家族関係に影響を及ぼす。

育児書
　また興味深いことに，核家族と育児書ブームとは無縁ではない。1957年にアメリカで出版されたスポック(Spock, B.)の"The Common Sense Book of Baby and Child Care"（邦訳：スポック博士の育児書）は，育児書のバイブルといわれ，世界中で多くの読者を得た。日本でもそれに続いて多くの育児書が出され，若い親たちは自分の親世代に学ぶ代りに書物を手本とすることが多くなった。それは核家族化している現代に適した育児の方法論なのであろう。しかしそれにより，若い親は家事や育児を実際の体験や助言を通して訓練することが必然的に少なくなり，孤独と不安に追いつめられ，その結果育児ノイローゼに陥ったり，児童虐待や放任等の不適切な養育態度をとる危険性をも増していると考えられる。

　このように，現代の家族関係はかつてとは異なったものに変化してきた。その認識をしっかりもつことがまず大切である。

現代家族の病理性
──幻想家族から崩壊家族へ

　では現代日本の家族の特徴とその課題は何であろうか。家族が同じ屋根の下に住み，共に食卓を囲み，話したり笑ったりして暮らす日常の日々は，一見今も昔も変わらないように見えるが，すでに述べたように，家族の形態や機能は変化しており，その結果，家族関係の病理性や課題も変わってきている。

　たとえば1970〜80年代にかけての家族の精神病理は，小此木[4]やドイツの家族精神医学者リヒター[5]の指摘による幻想家族が注目を集めた。これは，家庭の形は一応保たれているが，実際には家族がその中である種の幻想や思いこみで暮らしているもので，それらは決して健全な家族ではなく，脆弱で危機を内蔵していると考えられた。

幻想家族　ところがそれから30年以上を経た現代，幻想家族はさらに増え，その上に幻想さえも消え果て，文字通り家庭の形態や機能が壊れてしまっている崩壊家族が新たに出現してきている。幻想家族から崩壊家族へ歩を進めてきたプロセスを追ってみよう。

　1983年に小此木[4]は『家庭のない家族の時代』という著書を著し，リヒターの学説もとりあげつつ，次のような幻想家族の存在を述べている。

劇場家族　**劇場家族**　家族のそれぞれが演技を競う場にしている家庭。家族はお互いに演技し合い，拍手喝さいを浴びようと懸命である。

　たとえば妻は自分がどんなによい妻であるかを演じ，夫も同様のことをする。そして，こんなに素晴らしい料理を作る妻は君しかいないと夫は言い，おみやげや洋服をプレゼントする夫を妻は賞賛する。子どもは子どもで勉強に励む素直でかわいい息子や娘であることを認めてもらおうと一所懸命で，親はそれを見て，こんなよい子をもって自分たちはなんとしあわせかという。家族がお互いに役者になり，かっこいいところを演じ合うことによってお互いの間に団結心が生まれ，家族間の連帯感が深まるように思っている。

　このような劇場家族を，1970年代にアメリカで暮らした著者はきわめ

て親しく見た。当時，テレビ番組の「パパは何でも知っている」や「うちのママは世界一」などが最高の人気番組だったことも思い出す。日本は欧米ほどではないと思っていたが，それでも欧米にならって夏休みの家族旅行，父の日のネクタイ，母の日のカーネーション，誕生日の贈り物とケーキなど，ひっきりなしに家族がプレゼントをしたり，仲のよい素晴らしい家族であることをお互いに確認する行事が増え，劇場家族の様相を呈することが多くなった。

しかし，人生には嵐がつきもので，もしこうした家族の中でよい構成員を演ずることができなくなったり，演技をやめる者が出てきたらどうなるか。たとえば子どもが学校に行けなくなったり，問題行動を起こしてよい子ではなくなると，親の自己愛は傷つき，子どもを非難する。また父親がリストラに巻き込まれたり，母親がローンに手を出して経済的苦境に陥ったりすると，プレゼントも賞賛も吹っ飛び，相手を責めて泥仕合となり，もはやよい父，よい母をやっていられなくなる。そうなると，お互いの間の演技によって支えられていた家族幻想は，もろくも崩壊してしまう危険性が高い。

サナトリウム家族　家族全体に不安感が強く，いつも家族の誰かが病気になったり，傷ついたり，不幸な目に合ったりするのではないかと心配しており，家庭はそれを癒すサナトリウムと考えている家族。

こうした家族の最大の目標は，安全な状態に身を置くこと。人が生きていく上には，ある程度の争いや危険がつきものだが，彼らは極力そういう事態を避けていこうとする。人生を，絶対安全な，いわばサナトリウムの中にいるような状態で暮らすことを願う。

サナトリウム家族は，いつもお互いに危険が起こったら大変と脅かし合っている。学校へ通う子どもに対し母親は，いじめっ子がいるから気をつけなさい，道を横切る時は車に気をつけて，鉄棒やとび箱で首の骨を折ったら大変，先生に叱られないようにね，と次から次へと心配の種をみつけて不安がる。

こうした家庭では冒険や挑戦は禁物で，できる限り安全で手堅い道を選ぶ。子どもの進学でも就職でも，結婚でも，親は適性や愛情などは二の次で，とにかく失敗の少ない安全な進学先，就職先，さらには結婚相手までもそのようにして決めようとする。

このように，家族が傷つかぬようにということばかりを気にして暮らすサナトリウム家族は，予想したことや計画したこととは違う危険が舞い込んでくると，安全という幻想がひとたまりもなく崩れ，家族関係は危機に直面する。

要塞家族 **要塞家族** 家庭を1つの要塞のようにして，その中にたてこもって暮らす家族。ちょうど，かつてのアメリカ西部劇映画に出てくる要塞のように。このような家族は，自分たちは正しくよい人間で，周囲の人はどこか間違っていたり，意地悪だったりするので，家族同士は団結して生きていこうというある種の連帯感に支えられている。

たとえば夕食の食卓で，父親は職場の上司や同僚，部下がどんなにくだらないかをとくとくと語る。母親は近所の奥さんや，スーパーの店員のはしたない行動やずるさをさかんにしゃべる。子どもは子どもで，学校の先生は思いやりがなく，友だちは意地悪だと非難する。政治はつまらないし，事件は頻繁に起こるし，本当に今の社会は危険で悪いことばかりだといったことが家族の話題の中心にある。そして家族同士はお互いに美化し合い，家庭を要塞化することで心の安らぎを得る。

このような家族は，実際には職場で仲間とうまくいかぬ父親，PTAの会合でも仲間外れになるような母親，周囲とうまくつきあえぬ子どもなどを生み出すことが多い。しかし，自分たちの非は認めず，問題は常に家庭の外にあるものと思いこんでいる。もし家族の側に問題があると認めると，家族としてのまとまりや団結を失ってしまうからである。

ホテル家族 **ホテル家族** 家庭を，何でも思うようなサービスを受けることのできるホテルとみなし，自分たちは皆客だと思いこんでいる家族。家族それぞれが自分の好きな部屋をもち，皆ばらばらでろくに話もしないし，食事も時間がずれて一緒にしない。

母親と小学生までの子どもがまず食卓につき，しばらくして高校生の息子が帰ってきて食事をし，やがて大学生の娘が帰宅して，夕食は済ませたといいつつ台所でひとり即席ラーメンをすする。夜遅く父親が一杯気分で帰ってきて，ゴロッと横になりテレビをつける……。そして翌日になるとそれぞれ学校や職場に出て行き，1日が終わればまた帰宅する。場合によると，家族がお互いに顔を合わせることもない。いつ出かけ，いつ帰ってきたのかもお互いに知らない。こうした状態はホテル暮らしに似ている。

ホテル家族は，それぞれがばらばらに暮らしているのに，皆心の中ではうちに帰ろう，うちに帰れば休めるという幻想を抱いている。家族同士の気持ちのやりとりはほとんどないので，感情の争いは起こらない。干渉もないし，お互いのプライバシーを尊重し合って踏み込まない。多くの場合，妻(母親)が家事や世話役を担っているが，これも昔ほどの苦労はなく，優れた電化製品が相当肩代わりをしている。冷蔵庫を開ければ食料品がつまっているし，電気ポットを押せばすぐに紅茶が飲める。冷暖房器具は年中快適な温度を保ってくれる。

　一見心地よく見えるホテル家族の生活だが，これもある種の幻想に過ぎず，家族関係も空疎で，信頼や愛情の絆も弱い。ではなぜ家庭がホテル化したのであろうか。家族間が親密な間柄になろうとし，濃厚な絆を期待すればするほど，幻滅や恨み，憎しみが生まれ，お互いに傷つけることも多くなる。むしろ互いにかかわり合わず，自分の世界にひきこもって暮らすほうが円満でありうるからであろう。しかし，このような幻想家族は，家族の内の誰かに何か問題が起これば，到底もちこたえられず崩壊しやすい。

　以上，4つのタイプの幻想家族をとりあげた。思えば1970～80年代には，日本はいわゆる"マイホーム主義"の時代で，楽しきわが家を作りたいというムードがあった。そのため，形はとりつくろってはいても，内容的には脆弱な幻想家族を生んだように思う。

　小此木[4]は，劇場家族からホテル家族にいたる4つの家族には次のような共通の特徴があると要約している。

　ⅰ）誰もが自分の家庭をよい家庭と思っており，その思いこみによって家庭に安心し頼っている。

　ⅱ）家族はお互いの争いや傷つけ合いが起こらないように憎しみや怒りをうまく処理している。劇場家族は装い演じ合うことで，サナトリウム家族は病気や不幸をお互いが心配し世話をする努力の中で，要塞家族は外に敵がいるから家族は仲よくしていこうという形で処理している。ホテル家族では，そうした争いなどはもはや生じようがないほどお互いが孤立している。

　ⅲ）美化した家族像をもつことによって，自分の家庭の欠点やみにくさは見えなくなり，その結果，家庭への思いこみを維持することができる。

iv）それぞれの家庭にとって家族はなくてはならないもの，そう思うことで家族は生きている。

　このような共通項をもつ4つの家族タイプは，日本でも現在なお存在し，見られる。ただ，ここ数年の家族の変遷はめまぐるしく，著者は幻想家族がもちこたえられずに壊れていく崩壊家族が，新たな病理的タイプとして，いま急速に増えていると考える。

崩壊家族
不登校（登校拒否）
家庭内暴力

　崩壊家族　児童思春期精神科臨床の場では，現在も不登校は最大のテーマの1つであるが，1970〜80年代は登校拒否（当時はそうよんだ）とそれに関連することの多い，いわゆるよい子の家庭内暴力は，もっとも耳目をひくものであった。そしてその背景には，親，ことに母親が過剰なまでに子どもに手をかけ，干渉し，その結果子どもの未熟性と依存性と攻撃性が健康な人格発達を妨げ，精神的自立を阻むといった構図がもっともしばしば指摘された。実際に，完全癖で不安・緊張の高いサナトリウム家族や，自分の非を認め難く他罰の強い要塞家族のようなタイプが多く見られた。また，ぎりぎりまでよい家族を演じようとして遂に破れた劇場家族や，心はばらばらでも夫婦親子が形骸だけの屋根の下で暮らすホテル家族に属すると思われるものにも出会った。ところが現代はそうした幻想や思いこみさえも棄て去り，むきだしの荒廃と崩壊をあらわに示す家族が精神科臨床の場でも見られるようになった。これが崩壊家族である。

　崩壊家族といっても，家族の構成そのものが伝統的なものと異なる離婚・非婚・別居結婚等をさすわけでは決してない。ここでいう崩壊家族とは，精神的な質が壊れているものである。

　たとえば，人間としての基本的な愛情や社会性が育っておらず，人間関係の最低限のルールや倫理，役割や責任感等を内在化させていないきわめて未熟な親は，夫婦間の暴力的な争い，幼い子どもの世話（食事，衣服，就寝，清潔等）の放棄や拒否，さらには子どもへの身体的・精神的・性的虐待等の行動に走り，被害を受ける家族は激しく傷つく。またドメスティック・ヴァイオレンス（家庭内の暴力），アルコールや薬物への依存，子どもも含めて家族それぞれの性的乱れ等が家庭を侵食し，健康な家族機能をもはや果たせぬ崩壊家族へと進んでいる例が近年増えている。

　その原因は複雑で根が深い。人類全体というスケールで考えれば，20世紀を通して爆発的に進んだ物質文明の繁栄と科学技術の進展が，人間の精

神文化を変容(動揺や破壊)させたといえるのかもしれない。また戦後半世紀という時間的長さでとらえるなら，家庭・学校・社会のいずれもが，伝統的な秩序と倫理を放棄し，しかもそれに代わる新しい確たるものを手に入れぬままに子どもの教育を進めてきたことが，世代を重ねつつ人間としての成長・発達を危うくしてきたと考えられる。

以上，幻想家族から崩壊家族への道をたどり，家族関係の病理性を概観した。

家族関係の未来
——高齢社会への展望と新しいヒューマン・ネットワーク

では家庭や家族関係の未来はどうなるのか。これは大きな命題で，さまざまな角度から考察されねばなるまい。ここでは，高齢社会への展望と新しいヒューマンネットワークの必要性の2点を述べておきたい。

高齢社会への展望　現代は人類の歴史上はじめての長寿社会である。老年人口(65歳以上)は1920(大正9)年には全人口中5.3％だったが，2000(平成12)年には3倍以上の17.4％まで増加し，さらに15年後の2015(平成27)年には26.6％に達している。これは全人口の4分の1である。また，この年の老年人口指数は43.8％で，15～64歳の生産年齢人口の2分の1を占め，働く世代の2人が高齢者1人を支えねばならないことを意味する(表2)。

〔欄外〕高齢社会

これは今後の家庭や家族関係を考える上にきわめて重大な課題を提示している。

1）独居高齢者の増加をどうするか。
2）ひとり息子とひとり娘の結婚というパターンが増える。その際，それぞれの親(4人)のことを考えねばならない。
3）現在，親と同居している夫婦の90％以上は持ち家に住んでおり，別居している夫婦の80％以上は借家である。とすると親との同・別居の決定理由は住宅事情にあることが多いが，今後どうなるか。
4）三世代家族になった場合，世代間の価値観や生き方の違い，嫁・姑の問題，子どもの教育についての意見の衝突等の問題が生じること

表2 わが国の人口の年齢3区分別人口・構成割合及び諸指数[4]の年次比較　　各年10月1日現在

	年齢3区分別人口(千人)				年齢3区分別構成割合(%)				指数[4]			
	総数	年少人口(0〜14歳)	生産年齢人口(15〜64歳)	老年人口(65歳以上)	総数	年少人口(0〜14歳)	生産年齢人口(15〜64歳)	老年人口(65歳以上)	年少人口指数	老年人口指数	従属人口指数	老年化指数
大9年(1920)	55,963	20,416	32,605	2,941	100.0	36.5	58.3	5.3	62.6	9.0	71.6	14.4
14 ('25)	59,737	21,924	34,792	3,021	100.0	36.7	58.2	5.1	63.0	8.7	71.7	13.8
昭5 ('30)	64,450	23,579	37,807	3,064	100.0	36.6	58.7	4.8	62.4	8.1	70.5	13.0
10 ('35)	69,254	25,545	40,484	3,225	100.0	36.9	58.5	4.7	63.1	8.0	71.1	12.6
15[1)3)] ('40)	73,075	26,369	43,252	3,454	100.0	36.1	59.2	4.7	61.0	8.0	69.0	13.1
25[2)3)] ('50)	84,115	29,786	50,168	4,155	100.0	35.4	59.6	4.9	59.4	8.3	67.7	13.9
30[2)3)] ('55)	90,077	30,123	55,167	4,786	100.0	33.4	61.2	5.3	54.6	8.7	63.3	15.9
35[2)] ('60)	94,302	28,434	60,469	5,398	100.0	30.2	64.1	5.7	47.0	8.9	55.9	19.0
40[2)] ('65)	99,209	25,529	67,444	6,236	100.0	25.7	68.0	6.3	37.9	9.2	47.1	24.4
45[2)] ('70)	104,665	25,153	72,119	7,393	100.0	24.0	68.9	7.1	34.9	10.3	45.1	29.4
50[3)] ('75)	111,940	27,221	75,807	8,865	100.0	24.3	67.7	7.9	35.9	11.7	47.6	32.6
55[3)] ('80)	117,060	27,507	78,835	10,647	100.0	23.5	67.3	9.1	34.9	13.5	48.4	38.7
60[3)] ('85)	121,049	26,033	82,506	12,468	100.0	21.5	68.2	10.3	31.6	15.1	46.7	47.9
平2[3)] ('90)	123,611	22,486	85,904	14,895	100.0	18.2	69.5	12.0	26.2	17.3	43.5	66.2
7[3)] ('95)	125,570	20,013	87,164	18,260	100.0	15.9	69.4	14.5	23.0	20.9	43.9	91.2
12 ('00)	126,926	18,472	86,220	22,005	100.0	14.6	68.1	17.4	21.4	25.5	46.9	119.1
17 ('05)	127,768	17,521	84,092	25,672	100.0	13.8	66.1	20.2	20.8	30.5	51.3	146.5
22 ('10)	128,057	16,803	81,032	29,246	100.0	13.1	63.8	23.0	20.6	36.1	56.7	175.1
27 ('15)	127,095	15,887	76,289	33,465	100.0	12.5	60.8	26.6	20.6	43.8	64.5	212.4

注　1）旧外地人以外の外国人を除く。
　　2）沖縄の人口を同地域の国勢調査人口等に基づいて含めている。
　　3）総数に年齢「不詳」を含む。
　　4）年少人口指数＝$\frac{年少人口}{生産年齢人口} \times 100$　　老年人口指数＝$\frac{老年人口}{生産年齢人口} \times 100$
　　　　従属人口指数＝$\frac{年少人口＋老年人口}{生産年齢人口} \times 100$　　老年化指数＝$\frac{老年人口}{年少人口} \times 100$

資料：国立社会保障・人口問題研究所「人口統計資料集」

　　　　が多いが、それをどう解決するか。
5）心身の健康な親と、日常の生活動作（家事・排泄・入浴・歩行等）に障害がみられる親の場合では事情が異なる。とくに認知症高齢者の場合、家族だけでは支えきれないケースが増える。2012（平成24）年の認知症高齢者数は全国で462万人で、65歳以上の高齢者の7人に1人（有病率15.0％）であった。そしてこれは、2025（平成37）年には約700万人、5人に1人になると見込まれている。平成12年度より介護保険制度が導入され、施設等の社会的資源、経済的・人的援助もますます重要になってきているが、今後の展望は？

6）高齢者自らが自己の人生を大切にし，生きいきと生きる努力をし，子や孫は高齢者への敬意と愛情を豊かにもつことの尊さを認識するにはどうすればよいのか。

すぐに解答が出るものではないが，以上のような諸点を視野に入れ，高齢社会をより前向きに，積極的に生きるための家庭や家族関係のあり方を熟慮することが，未来展望として大切であろう。

ヒューマン・ネットワーク

新しいヒューマン・ネットワーク　すでに述べたように，現代の核家族・小家族という現実は，おそらく簡単には変わりそうもない。ならばそれを嘆くよりも，血縁・姻縁にこだわらず，さまざまな他人とともに生きる新しい人間関係の輪を結ぶほうが，より実りある方策という考え方もある。既成の家庭・家族の概念にとらわれないで，新しいヒューマン・ネットワークを形成することが，生き延びる道の1つかもしれない。

子育てサークル
子育てネットワーク

たとえば，すでに子育ての領域で子育てサークルや子育てネットワークづくりの機運が高まっている[6]。体験が乏しく，人格の発達が未熟といわれる現代の若い母親が，育児の不安と重荷からノイローゼや児童虐待への道をたどる危険性を指摘する研究者が多いが，孤独と閉塞から解放し，地域で他の親たちとともに子どもを育てるという道である。父親の参加はもとより，年長の育児経験者や専門家も加わり，新しいファミリーともいうべきネットワークをつくることは，現実に即した知恵であろう。

また高齢者も，必ずしも血縁に頼らず，自主的に仲間や友人と共同生活をするグループホームが誕生しているというニュースを耳にする。21世紀の幕が開かれた現在，新しい家庭観・家族観をもって，新しいヒューマン・ネットワークによる家族関係の模索は，きわめて適切な方向性といえるかもしれない。

●引用・参考文献
1) 新版心理学辞典，平凡社，1981.
2) 服部祥子：家庭における危機，精神保健（太田保之編），p.55-69，医歯薬出版，2001.
3) 土居健郎：甘えの構造，弘文堂，1971.
4) 小此木啓吾：家庭のない家族の時代，ABC出版，1983.
5) H. リヒター（鈴木謙三訳）：病める家族，佑学社，1976.
6) 服部祥子，原田正文：みんなで子育てQ&A，農文協，1997.

7章 夫婦関係

結婚および夫婦関係
――歴史の流れの中で

結婚　　　　結婚とは，社会的・制度的に承認された永続的な性結合を中心とする男女関係のことをいう。そして社会は，そのような一対の男女（夫と妻）に対して，性愛のパートナーであるとともに，子を生み育て，社会化させていく養育過程を共同で担当することを期待する。

　　　　　　　また夫婦は性という人間の生物性に深く根ざした関係でありながら，一方ではその形態や機能が人種や時代とともに変化するように，すぐれて社会的・文化的要素が強い関係にある。親子が血縁という決定的な絆をもって結ばれているのに比し，夫婦ははるかに流動的な関係である。

家　　　　　日本における結婚を歴史の流れの中で眺めると，過去長い間，「家」がつねに中心にあったことが特徴的である。長く続いた農業社会では，生産の基本的手段である田畑が男系によって受け継がれた。したがって「家」が存続するためには，男子が軸になり，女子は男子（夫）の妻として，次の世代を得るために，また労働力としても期待されつつ他の家族集団からとり入れられ，くみこまれるというのが，伝統的な結婚の姿であった。また中世以降の武家社会では，「家」の存在が大きく，これを存続させるための結婚はきわめて重要な方策であった。

夫婦関係
性別役割　　一方，夫婦関係でも長い間，「夫は社会，妻は家庭」が，家庭内の性別に結びついた役割意識としてあった。かつて夫（男）は家庭外に7人の敵をもち，それと戦う存在とみなされ，社会に向けての家庭を代表する顔であり，リーダーであった。妻は家にあって，親（多くは夫の親）に仕え，家族のための家事全般をこなし，それを立派に果たすものが「内助の功」ありとし

て，理想とされてきた。

　このような伝統的な結婚と夫婦関係は長い間続いたが，近年いずれも変化してきた。その原因の1つには欧米を中心とする諸外国からの刺激も大きい。たとえばヨーロッパでも長い間，日本同様の夫婦の役割分担が一般通念としてあったが，20世紀の初頭よりこの伝統は崩れ始めた。1つには第一次，第二次世界大戦による労働力の不足が，女性を職場に導いたことによる。それにより家庭の妻も社会に出て精神的経済的自立をめざすという潮流が次第に大きくなった。また家族がより豊かな生活を実現するために，あるいは創造的な自己実現をめざすために，女性（妻）が男性（夫）同様に社会進出を模索するようになった。日本でもヨーロッパやアメリカの動向に影響され，少しずつその傾向を強めてきている。

　このように，妻（女性）の職場への道が大きくなりつつある現在，従来通りの性別による役割分担は実質的には無理になってきて，夫婦が役割を固定せず，より自由な発想で，対等に人生や仕事を分かち合いつつ生きることが，現代の夫婦のあり方の普遍的な考えになりつつある。もっともまだまだ意識下では旧態依然の夫婦観に固執する人（とくに年配者や男性に多い）や，総論賛成各論反対という人もあり，伝統的なものが根強く底辺にあることも否定できない。

現代の新しい夫婦関係
―― 試練と危機の中で

夫婦関係

　かつての「家」制度や「家」文化が崩れ，伝統的固定的な夫婦の役割分担が次第に変容し，現在ようやく新しい結婚観や夫婦関係が成立しつつあると述べた。つまり，夫婦は愛情本位の結婚原理に立ち，相互の幸福追求を最大のテーマとする結びつきを旨とし，他のさまざまな目的追求のための手段的な組織ではなく，夫婦という関係性そのものに価値を有するものとなった。そうした新しい夫婦のありようは，過去の制度や束縛を解放するという明るい側面もあるが，同時に試練と危機が存在することも忘れてはならない。

　まず夫婦間の共同の作業（家事や育児等）は，互いに補い合うこと（相補

相補性	性)が大切であるが，当事者が未熟で自己中心的な場合は，個人の欲求や利益のみを追求することに熱心で，夫婦の関係性はこわれやすい。特に日本の家庭では，夫婦が自由でしかも対等の役割を担うという地盤が十分にできているとはいえず，しばしば互いに相手への要求や相手を責め非難することが多く，よき相補性がなかなか成立しにくい。
外部委譲	また近年は家庭の多くの機能を外部の諸機関に委譲したため，夫婦の共同行動が少なくなり，実質的負担は軽くなってきた反面，夫婦の共通の関心事も少なくなったり，夫婦間のコミュニケーションが希薄になるという現象もみられる。
労働時間 転勤	さらに労働時間や転勤問題等の外的要因も夫婦関係に影響を及ぼしている。働きバチといわれる仕事中毒(ワークホリック)の夫，時間的にも質的にも男性と対等に働く妻等，そのこと自体は本人の意志による限り実りあることだが，家事育児の分担や家庭での活動の夫婦による共有性は減少し
単身赴任	がちである。また，日本的現象といわれる転勤による単身赴任は，しばしば夫婦のありように影響を与えている。このように現代の夫婦関係は試練や危機を包含しつつ新たな局面を迎えているのである。

夫と妻のライフ・サイクル
——各々の時期と発達

	生まれて死ぬまでの一生涯を人間の発達過程ととらえる立場を著者はとるが，結婚や夫婦としての営みはその中で大きな意味をもつ。そこで人間としての発達を基盤に置きつつ，夫と妻のライフ・サイクルを考え，各々の時期の葛藤や危機と，それを越えていくことによる成長・発達について概説しよう。
夫婦の ライフ・サイクル	
親密性対孤立性 成人前期	**①出会いから結婚の時期——親密性対孤立性のはざまで**　青年期を通過し，心身が順調な発達を遂げた健康な若い成人(成人前期)は，いよいよ心理的に自立し，社会的・経済的にも職場・地域・社会の一員としての自立した生活を開始する。そして多くは性的・心理的幸福と安定を求めて，異性との出会い，恋愛，そして結婚という道を模索し始める。つまり1人の人間が特定の他者(異性)と融合・結合し，ともに生きたいと渇望するわけ

である。これを親密性(intimacy)とよぶ。

しかし他者との親密な関係は，近づきすぎるがゆえに自分の何かを失ったり，傷ついたと感じることを起こしかねない。そのとき人は，他者から離れひとりになりたいと願う。この孤立性(isolation)という心の方向性は，人を愛し親密な関係をもつ時に，人の心をしばしば揺さぶるものなのである。

このように人は，他者を愛し他者と結合したいという他者への接近志向と，他者をわずらわしく思い離れたいという分離志向という相矛盾するものを同時に合わせもっている。この対立する葛藤の中で人は鍛えられ，相手とともにあり，相手に与えることは自分自身をも豊かにすることだという愛の真理に気づく。そして孤立性を凌駕し，他者をパートナーとして選び，ともに生きる道(結婚)へと進んでいく。

すでに述べたように，現代の結婚は，本人の意志よりも男女双方の家庭の「家柄・血統・資産」等が主たる条件であったかつての配偶者選びから，当事者の人間的側面(人柄，健康，学歴，容姿等も入るが)に重きを置く恋愛結婚(当事者婚)へと潮流は変容してきている。それだけに性愛(エロス)の調和や文化や価値観の共通性等を含めた親密性が，この時期の夫と妻になるというプロセスの中で重要になってくる。それは各々の人生の人間的発達にも大いにかかわるものでもある。

②子どもの出産と養育・教育の時期——生殖性対停滞性のはざまで エリクソンは成人中期(30～40代)の人間発達としてもっとも重要なことは生殖性(generativity)であると述べている。この時期，人は社会の中で自分の場所を占め始め，そこでさまざまなものを生み出し，その発展と完成をめざして努力し，責任をとろうとする。つまり自己の世代で何かを生み出し，次の世代へと手渡そうとするわけで，これを生殖性というのである。それには子ども，芸術作品，技術，思想，哲学等，およそ人の手により生み出されるものすべてが含まれる。なかでも子どもを生み，育て，自立させ，次の世代を確立させることは，何にもまして生殖性にふさわしい作業である。そして，子どもの出産，養育，教育という意義深い，しかし決して楽ではない，長く続くこの事業をともに担うのが夫と妻であり，これは人間としての発達と同時に夫婦関係をも成熟させる。

だが，発達をしていく道のりには必ず危機が存在する。生み出す喜びと

いう明るい側面とともに，自分自身が足踏み状態の中にあり，前に進んでいないと感じる停滞性(stagnation)にもしばしば遭遇する。ことに育児に専念する道を選んだいわゆる「専業主婦」は，キャリアを失った悲しみやむなしさ，また家庭に閉じこもり，社会から断絶しているように感じる不安や孤独感等に陥り，危機的状況を呈することが往々にしてある。

　このように成人中期は生殖性対停滞性のせめぎ合いの中で，悩み苦しむことが多いが，それを通して人間として発達していくことができる。そして夫婦のつながりやありようが，その葛藤を救いもするし悪化させもする。また危機やそれをのり越えて成長・発達していく過程が，夫婦関係を鍛えるともいえる。

　人生の正午といわれ，また結婚生活や夫婦関係にいよいよ油ののってくるこの時期の夫と妻の間の具体的な課題は，性的な和合，育児・養育の役割取得，経済・教育，価値観等の共感と信頼等が重要なものである。それを夫婦双方がさまざまな知恵や忍耐をもって対応していくことが求められる。その間には，後述する不和や離婚等が夫婦の間に訪れることもしばしばあろう。そうした多彩な経過を通して発達や成熟が進んでいくということを忘れてはならない。

③子どもの自立の時期——同一性再確立対消極性のはざまで　子どもの巣立ちを迎える時期(成熟期)は，夫婦関係の再調整期でもある。自分が生み出し，世話をしつつ育てた存在(わが子)が離れてゆき，もとの自分に戻りゆく時，人は自分という存在や夫婦としての自分たちのあり方を客体として眺め，見直す作業が必要になってくる。これが同一性再確立(identity reconstruction)であり，新しい自己(夫婦関係の中の自己をも含む)の発見であり，新しい生き方の挑戦でもある。

　そもそも同一性(アイデンティティ)は，青年期，「自分は何ものか」と問いかけ，おぼろげながらもその命題に答を出すことから始まった。以来，大方の人はその同一性を支えに，忙しく活動的にさまざまな事業や営みを夢中でなしながら，成人前期→成人中期を生きてきた。そして多少生きる速度が減じたかにみえる成熟期(40代後半から50代頃)に，少し立ち止まって自己の内面をみつめる旅をすることは意味深い。

　しかし自己の存在を見直すことは，同時に深淵を覗くような怖さもある。長い間意識的無意識的に見ないで過ごしてきたいろいろのものが見え

停滞性(stagnation)

同一性再確立対
消極性
成熟期

同一性再確立
(identity reconstruction)

同一性

てきて，同一性の再確立へと歩を進めたいと思う反面，今までの道を離れることへの躊躇，逡巡，臆病，未決断等の**消極性**(indecisiveness)が引きずり戻すように心に湧いてくる。その相克の中で人は悩み苦しむが，一度この葛藤を通りぬけることで人生最後の老いを自分らしく生きる準備ができるのである。

　子どもが手元を離れるこの時期の夫婦関係は，各々個としての同一性の再確立に目を向けることが多く，さまざまに不和や熟年離婚等も起こってくる。とくに成熟期の女性に見られやすい**空の巣症候群**(エンプティ・ネスト・シンドローム)は，典型的な危機的状況の1つで，夫婦関係にも大きく影響する。つまり子どもを生み，育てることに専念してきた女性が50歳前後に更年期を迎え，性ホルモンの分泌が減衰する中で自律神経失調症や不定愁訴とよばれるさまざまな症状を呈する時，心理的な落ち込みが来やすい。閉経による「女」の卒業，子どもの自立による「母」の卒業，そして気がつくと夫との関係の希薄さのみが感じられ，長い年月守ってきた家庭という巣が空っぽのように思われ，悲哀感と憂うつ感に襲われる。

　空の巣症候群のような危機を，当人が，また夫婦がどのようにのり越えるかによって，発達の大きなチャンスとなしうる。つまり，生み育てる生殖性は，自分が育てた者が自立し，自分から離れて独立していくことで完成するという意味を理解し，そのことに喜びを感じること，また独立した子どもたちが保護や避難を求めてたち戻ってくるときには，母港となる役割を準備すること，また自分たちは長い年月をかけて子どもを生み育てる事業をなしとげたと自覚し，夫婦の協力や努力を感謝と喜びをもって感じること等，さまざまな感想を通して自分の人生を肯定的にとらえ，これからの日々をどう生きるのか真剣に考えることができれば，危機を通してより成熟へと歩を進めていることになる。同一性再確立また夫婦関係の再調整は，子どもの自立の時がもっとも似合っている。

④老いを迎える時期──統合性対絶望感のはざまで　いよいよ人生の最終章(**成人後期**)。生理的・心理的老化の中で，人は自分の人生のしめくくりをせねばならない。それは**統合性**(自我の統合)(ego integrity)といわれる作業で，自分の人生はいったい何だったのかと自らに問いかけ，答を見出すことである。しかし，老いは同時に人を**絶望感**(despair)に導く。老いから死への道のりにいるものは，自分の人生に不満，怒り，怨み，憎しみ

等を満載していても，もはやなすすべも，やり直す時間もない。そこには究極のつらさがあり，絶望の淵へと引きずられやすい。

　夫婦関係においても，さまざまなマイナスはあったとしても，長い歳月をともに生き，人生の多くのできごとを共有し得たかけがえのない伴侶とお互いがお互いを意味づけられる時，しめくくりは味わいのある成熟したものになる。一方「死ぬ時ぐらいは本来の自分に帰りたい」「もうこれ以上自分の人生の残り時間を失いたくない」等といって老年離婚に踏みきる人もいる。それも1つのしめくくりであり統合だが，別れゆく両者の各々が自立して生きていかれるだけの精神的経済的地盤があるか否かは，その後の人生の明暗の鍵をもつ。

孤老期　　また統計上は夫の死後平均して8年間，妻は孤老期をもつとされる。もちろん妻に先立たれる男性も決して少なくない。遺された配偶者の対象喪失感，また再婚の可能性，世話を受ける場合は子ども家族との関係性等種々の課題が出てくるであろう。

　老いの中で絶望感を越えて統合性にたどりつくことは，人生最後のもっとも究極的な課題である。夫婦のありようも含めて，深く考えるべき命題といえる。

夫婦関係のゆらめき
——さまざまな不和とそのタイプ

　夫婦間の不和，不一致はいつの時代にもある。それは人間的テーマの常で，ケースにより皆固有の背景をもち，一概には論じにくい。しかし夫婦生活の流れに沿って，もっとも典型と思われる形を考えてみよう。

未熟型不和　　①**未熟型不和**　まず結婚当初は未熟型不和が多い。生身の人間，ことに若い世代は健康であれば当然「性」にとらわれる。人間全体としての触れ合いやつながりを体験する前に，性的に接近して親愛感をもち，結婚に至ることがしばしばある。ところが夫婦となり，共同生活を営みはじめると，性格，趣味，嗜好，価値観，ライフスタイル等における2人の相互性が試される。その際，当事者の寛容さや努力によって2人が新しい家庭を作る方向に少しずつでも進む場合はよいが，人間的距離があまりに大きく離れす

ぎていて，和することが難しい相手を選択している場合，また結婚生活を営むに十分な人格の成熟が達成されていない場合には，不和に陥りやすい。

論争型不和　**②論争型不和**　次いで出産・育児の時期に多い論争型不和。結婚後1～数年の頃，多くの家庭で出産や育児が始まる。働く女性が増加している現在，仕事と育児をどうするかは大きなテーマである。夫婦ともに学校教育を受けている間，親はわが子の性別に関係なく幼少期より熱心に教育に目を注いでくれたし，受験や就職にもかつてのような男女差をそれほど強く親も子も意識したわけではなかった。しかし現実に結婚さらに出産と進むにつれ，「男は仕事，女は家庭」という伝統的な考えが社会にはまだ根強いことを知る。そのため，それまで男性と肩を並べて生きてきた若い女性たち（母親たち）は，仕事を続けるにせよ，やめるにせよ，非常に大きなアイデンティティのゆらめきを感じても不思議はない。そのことに留意し，夫婦がともに深く考え，理解し合った上で家事や育児の工夫をすることが望ましいが，思慮・熟慮を怠って判断したり，夫の無理解や反対を押して決めることは，夫婦間の不和を生み出すことになりやすい。

　また子どもの育児をめぐっても不協和音が起こりうる。母親専業の妻は家にあって四六時中育児をしており，その労苦や疲労や不安を夫が理解してくれないと孤独と不満をつのらせる。一方，働く母親は仕事と育児の両立に苦労し夫の協力を切望するが，それを得られない時，ストレス過剰になるかもしれない。このように出産とその後の育児は夫婦間に心理的にも実質的にも大きな課題を投げかけており，それにまつわる論争が激しくなり，相手への非難や攻撃気分が強まり，夫婦間の不和が増強していくことになりやすい。

不一致型不和　**③不一致型不和**　やがて子どもが学童期から思春期をたどる頃になると，不一致型不和ともいうべきものが夫婦間に出てくることが多い。多くの夫は社会の担い手として責任ある仕事をもち，家庭にいる多くの妻もまた家庭生活の諸事情に通じるベテランになっている。夫婦の歴史も長くなるにつれ，日常生活における相互のかかわりは習慣化し，よくいえば安定，悪くすれば新鮮味の乏しい惰性的な夫婦関係に陥りやすい。また子どもの受験が最優先し，子どもの教育という共通テーマに専念して夫婦が団結する場合，一見不和はないように見えるが，子どもの養育・教育について意見

や方針がかみ合わなくなると、その不一致が深刻になることがある。またひとたび子どもが挫折や危機を示すと、夫婦は互いに非難したり攻撃する場合も多く、両者の不一致感は不和の溝を深めやすい。

分離型不和　　**④分離型不和**　次いで子どもは進学・就職・結婚といった自立への道を歩み始める時期にさしかかるが、この頃には夫婦間に分離型不和が出てきやすい。子どもの養育や教育というかつての夫婦共通の課題はもはやなく、夫婦は再び2人きりになって向き合わねばならなくなる。個と個の人間関係を成熟させるプロセスが乏しい日本の夫婦は、子どもが巣立つ時大きな危機を迎えることが多い。皮肉なことに、かつての「家」制度があれば、嫁姑といったつながりが続いており、大家族の力動のもとで夫と妻の2人だけが向き合う必要はなかったが、核家族化した現代は多くの場合、長い老後を夫婦2人で生きることになる。その時夫婦間に人間としての結びつきが乏しく、生き方に違和感があるのに何ら手を打たずにいると、夫婦の心は分離し、孤独でむなしい不和に悩むケースも出てくる。

　以上、4つの不和のタイプを主として夫婦生活の時系列にそってあげたが、夫婦の不和はどの時期にも起こりうる。また2つのタイプが重なり合うものもあれば、上記のいずれの型にも当てはまらない不和もある。しかしいずれにせよ夫婦の不和は、理性的に認識し、解決に向けて努力することが望まれる。また夫婦間に最初から愛情・理解・敬意が十分にあるとは限らず、2人の当事者が夫婦関係を時間をかけて成熟させていくことが大切である。夫婦の不和は夫婦関係の破綻へと進んでいくこともあるが、それを通して成長するチャンスでもある。

夫婦関係の解体
——さまざまな離婚とそのタイプ

離婚　　　　　夫婦の不和が解決できない場合に多いが、夫婦が結婚を解消することを離婚という。離婚は先進諸国を中心にして戦後増加してきた。かつてキリスト教国では、家庭のモラルとして、離婚に対し厳しい態度をとって歯止めの役割を担っていたが、近年その力が弱体化してきたし、さらに自由で自己に適した人生を生きることを肯定する価値観が高まったこと等がその

傾向を進めてきた。それに対し日本では欧米に比較すると離婚は少ないし，離婚の上昇率もそれほど高くない。これは「家」重視の伝統の影響，親個人の自由より「子どものため」を最優先する家庭観，社会が離婚を否定的にとらえる価値観等が日本社会や文化の底流にまだ存在するからであろう。

　離婚は夫婦生活のいずれの時期にもみられるが，近年は若年離婚と熟年離婚がしばしば注目を集めている。

若年離婚

①若年離婚　若年離婚は結婚に対する準備の欠如，共同生活を営むだけの人間理解力や努力の欠乏，自分だけの人権と自由と幸福を追求し，相手を思いやる心の未発達等がその原因にあげられる。ことに現代の若い成人の中には，結婚したいが配偶者に自分の自由を侵されたり余分の労苦を背負わされたくないとか，子どもは欲しいが自分の人生は邪魔されたくないという人が増えており，入籍しないで同棲する者，結婚しても子どもをもた

"DINKS"（Double Income No Kids）

ない，いわゆる"DINKS"（Double Income No Kids），子どもは生んでも1人か2人で，自分の生活や職業を優先する者も多い。これは従来のように結婚や出産という生物学的特性に依拠した生き方にのみ縛られない多様な選択を可能にしたが，選択の幅の広がりは迷いや悩みも増大させることにもなった。また自己決定を的確にするには人間的成熟度が期待される。こうした事情の中で，先に述べた未熟型不和等から，簡単に離婚へと進展してしまうケースが，とくに若年層を中心にみられる。

熟年離婚

②熟年離婚　長年共同生活を営んできた中高年の熟年離婚が話題になることが近年増えている。それも妻からの希望によるものが多いといわれる。これは女性が精神的，経済的に自立できる力をつけてきたこと，社会が離婚に対して寛大になりつつあること，寿命が長くなって熟年は自分の生き方の再確立に十分適する時であり，このまま夫婦が心理的葛藤を抱えて生きるには長すぎる年月がこれから先にあること等がその背景にあると考えられる。かつての日本の夫婦関係ならば，うまくいかなくなっても妻の忍耐と犠牲が夫婦の継続を十分可能にしていたが，自己犠牲や献身が価値を失いつつある現代，夫の定年を待って，または自分で職を探してでも結婚を解消して自立したいと望む妻が出現しつつある。一方，現代の日本の中高年の夫は家庭生活を犠牲にしてまで職務をまっとうしてきた人が多く，定年を迎えて仕事を失った時，どのように生きてゆけばよいのか戸惑いや

すい。いわゆる"ぬれ落葉"という流行語が示すような，趣味や教養や奉仕等の活動をするため地域に活発に出かける妻にまとわりつく夫も出てくる。そのような状況も熟年離婚への道を開いている。

家庭内離婚 ③**家庭内離婚** 夫婦関係は形の上では解体していないが，同じ屋根の下で生活しながら，精神的には離婚状態にあるものを家庭内離婚という。これには経済的理由，もしくは社会的理由，いわゆる"メンツ"等が背景にあることが多く，表面的にはとりつくろっていても家庭の機能は危機的であることは確かである。これは当事者である夫婦はもとより，子どもたちのメンタルヘルスにも著しい影響を及ぼす。

このように夫婦関係の解体は，家庭全体の力動に大きなかかわりをもつ重大なテーマといえる。

夫婦関係の未来
──新しい夫婦観に向けて

夫婦のかかわりは時代や文化や価値観によって変わる。現代日本の夫婦関係も古いものから脱皮しつつあるが，まだ新しいものが確立しているとは言い難い。いわば過渡的状態にあるのかもしれない。では，新しい夫婦観とは何であろうか。いろいろ考え方はあろうが，著者は次のように考える。

1) 結婚や夫婦関係に関する既成概念を棄てる。たとえば今までの伝統的通念では不幸とみなされた離婚，非婚，同棲等を直ちに不本意とか異常ととらず，自然で人間らしい生き方であると認めること。

2) 男性と女性，夫と妻，父と母の役割やあり方について，より自由で柔軟な考えをもつこと。個々人がそれぞれにふさわしい個性的で多様な役割を選択し，実践することを容認すること。

3) そのためには何よりも個々人が誕生の時から人間として心身を豊かに成熟発達させる過程を大切にすること。失敗を怖れず，人生のさまざまな時期に危機と遭遇しつつ，生きる活力を培い発達していくことを認識し，それを実現させるための新しいヒューマン・ネットワークを作ること。

●引用・参考文献
1) 安藤延男編：人間関係入門，ナカニシヤ出版，1988．
2) 服部祥子：家庭における危機，精神保健（太田保之編）55-69．医歯薬出版，2001．
3) 服部祥子：生涯人間発達論―人間への深い理解と愛情を育むために，医学書院，2000．

8章 親子関係

親子関係の特異性
　　──血縁ということ

親子関係

血縁

　親子関係はあらゆる人間関係の中で，きわだった個性をもつものである。他の人間関係は多かれ少なかれ個々人が，何らかの理由，意図，目的等をもって結ぶ縁であるが，親子関係はただ血縁というだけで成立する。

　英語で"I was born"と表現するように，この世に生まれてくることは全く受け身のできごとであり，親も子も主体的に選択する自由も権利もない。つまり子どもは自分が生まれるべきか否かを考えたり，決めたりすることはできないし，自分を生む親を誰にするかも選べない。他方，親も自分の望みどおりの子どもを選んで獲得することはできない。親であり子であるということは，いわば根源的な受動性であり，宿命ともいうべきものである。

　それゆえ，親，とくに母親が自分の子どもであるというだけの理由で一切の条件を付与せずわが子を出産直後より胸に抱き，授乳をはじめとする手間ひまかかる育児に，愛情をもって取り組むことは，"母性愛"ということばだけでは納得できない不思議な思いすらする。

　選択において何の自由も権利もなく，それゆえある意味では責任もないはずの親と子が濃密な愛情によって結ばれていくとすれば，それは何よりも血縁という生物的な基盤による。血のつながりは親から子への遺伝子の伝播により，身体の形質や特徴，また情緒的な反応の特質(気質)等を多かれ少なかれ手渡す。妊娠とそれに続く出産という生命誕生のドラマを共に生きた後，自分に似た生命体がこの世に誕生することは，親の根源的な強い感情を揺さぶる。そのため古くより"蛙の子は蛙""瓜のつるに茄子はならぬ"などと，子が親に似ることをたとえ，また"血は水よりも濃い"とい

い，血筋は争えずいかなる他人よりも血縁の絆は強いことをことわざにも表現している。

　また親の心理をあらわすことばとして，もっとも日常的に使われるものに"親バカ"がある。"わが子かわいや""わが子は特別"という親の子に寄せる強い愛着の感情は，どんな犠牲を払ってでも愛情を注ぎ育んでいこうとする心情をあらわす。これは，時には過度に甘やかしたり，保護することで子どもを駄目にさえする。しかし，愚かで間違いや歪みをもたらしやすい愛情であったとしても，"親バカ"という心理が，必ずしも否定的なイメージをもたらさないのは，血縁というもののもつ他に比較できぬ強い心の絆の存在に多くの人が共感するからであろう。

　そのような親の子に向ける愛情は血縁という宿命的な絆により成立するものであるが，同時に宿命であるがゆえに暗転する危険性もはらんでいる。たとえば昨今増加している親が子に示す虐待という行動は，もちろん他にも背景的要因はあろうが，血縁なるがゆえという意味合いも強い。他家の子なら笑って見過ごせることも，血を分けたわが子となると放っておけず，特別の思い入れで激しいしつけから体罰，虐待への道を歩むものがある。自分が生んだ子どもは自分の所有物だから何をしても構わないと思う心情がはたらくこともある。また，自分のあずかり知らぬところで決められ，しかも自分の思いから程遠いわが子と濃厚にかかわらねばならないことは，逃れようのないやりきれなさをもって親の心を追いつめ，虐待に至るものもある。

　それほど険悪でなくても，思春期の子どもと親のケンカのさなかに，つい親が"あなたみたいな子を生んだ覚えはありません"と口走り，子どものほうも"誰が生んでくれと頼んだか"と応酬するシーンはよくある。

　このように血縁という個性は，親子関係の明暗さまざまな感情を生みだす根源的なものといえる。

　もちろん親子関係は血縁という生物的基礎のみで成り立つものではない。社会的文化的影響により，親となり子となる過程を乳幼児期からのさまざまな経験を通してたどり，次第に成熟させていくものであることも忘れてはならない。

虐待

親子関係と子どもの発達
——親の養育態度と子どものパーソナリティ傾向

親子関係のあり方は子どもの発達，ことにパーソナリティの発達に大きな影響力をもつ。とくに日々の生活を共にする中で，親が子どもに示す態度やしつけ方などは，子どものパーソナリティ形成と深い関係を有すると思われる。

牧田[1]は子どもの健全な発達の上に，親の愛情(affection)と受容(acceptance)と認容(approval)がほどよくある情緒的適温状態が大切と述べている。一般に「愛情」と日本語であらわされるものの中にはこの3つの要素がある。すなわち，子どもが「自分は好かれている」「自分は受け容れられている，相手にされている」「自分はいい子だと認められている」という受けとり方ができる状態のときに，情緒的適温を感じるのである。

情緒的適温状態
愛情(affection)
受容(acceptance)
認容(approval)

ところが天候に寒い日，暑い日があるように，親の情緒的天候にも偏りがある。その度合いが激しくなればなるほど，子どもにとっては不快で苦しい状態になり，子どもが健全に育つことが困難になる。さらにパーソナリティにも悪影響をもたらす。

親の子どもに対する養育態度は多くの研究者により，保護─拒否，支配─服従の2軸による判断がもっとも一般的といわれる。そこで子どもがほどよい心地よさを感じる情緒的適温を中央に置き，親の養育態度と子どものパーソナリティ傾向を考えた(図1)。

親の養育態度
保護─拒否
支配─服従

各々の軸を，外に向けて進めば進むほど親の養育態度の偏りは強いものになる。また2つの軸の組み合わせによる4つの領野を想定するとき，溺愛型，過干渉型，怠慢型，残忍型の4種類に分けられる。そしてそれぞれにかかわる子どものパーソナリティ傾向も各々特性をもつ。

溺愛型

①溺愛型(保護×服従)　子どもを甘やかし，子どもの言いなりになるタイプの養育態度を示すもの。子どもを保護すること自体は親の健全な機能である。また子どもの気持ちを受容することも大切である。しかし度を過ごすと害になる。親が子どもの思い通りに動くことは子どもに快感や気楽さをもたらすかもしれないが，それが続くといつまでも幼児的，依存的で，

図1 親の養育態度と子どものパーソナリティ傾向

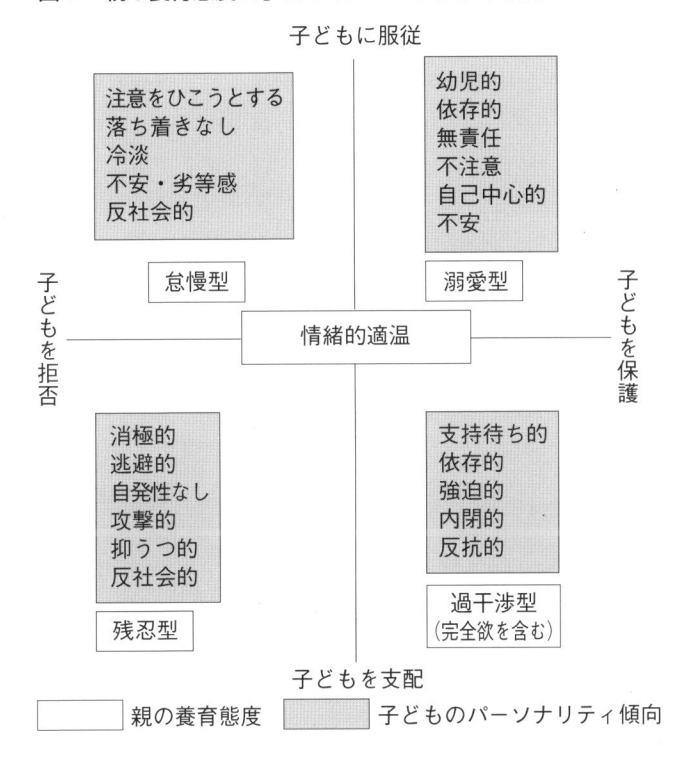

```
                        子どもに服従
        ┌─────────────────┐   ┌─────────────────┐
        │ 注意をひこうとする │   │ 幼児的          │
        │ 落ち着きなし     │   │ 依存的          │
        │ 冷淡            │   │ 無責任          │
        │ 不安・劣等感     │   │ 不注意          │
        │ 反社会的         │   │ 自己中心的      │
        │                 │   │ 不安            │
        └─────────────────┘   └─────────────────┘
子           [怠慢型]            [溺愛型]           子
ど                                                 ど
も        ────────┬──[情緒的適温]──┬────────      も
を                │                │               を
拒                │                │               保
否        ┌─────────────────┐   ┌─────────────────┐ 護
        │ 消極的           │   │ 支持待ち的      │
        │ 逃避的           │   │ 依存的          │
        │ 自発性なし       │   │ 強迫的          │
        │ 攻撃的           │   │ 内閉的          │
        │ 抑うつ的         │   │ 反抗的          │
        │ 反社会的         │   │                 │
        └─────────────────┘   └─────────────────┘
            [残忍型]          [過干渉型]
                             （完全欲を含む）
                        子どもを支配
```

□ 親の養育態度　　■ 子どものパーソナリティ傾向

　また自分の行動に対する責任感が乏しく，不注意で自分中心の世界観をもちやすい。とくに親まかせで暮してきた子どもが自立を要請される場面に遭遇した場合，自分の判断や選択でものごとを決められず，不安に陥ることも多い。

過干渉型　　**②過干渉型（保護×支配）**　親が自分の意志をもって子どもに保護的支配的にかかわる，いわゆるかまい過ぎタイプ。この場合，たとえ愛情に満ちた親であっても，とくに子どもが幼少の場合は，親に圧倒され，親の世界から逃れにくい。その結果，自発性を発動させず支持待ちの姿勢をとり，親に依存する態度を身につけやすい。

　さらにこのタイプの中には完全欲の強い親も存在する。完全欲とは，ものごとが自分の思い通りにならなければ気が済まず，結果が自分の予期と寸分違ってもそれを受けいれようとしない精神的状況。完全欲の強い親は，子どもを保護し，熱心にかかわり，濃厚に手を加えるが，親の要求に合わないときには，子どもを意識的無意識的に拒否する。その意味で実は

仮面をかぶった，子どもを拒否する親と考えられ，もっとも曲者といわれるタイプである。

完全欲の強い親に過干渉に育てられる中では，子どもは親の期待にそうべく努力をする。しかし親の要求水準に見合う成果を上げられない事態は当然起こり，子どもは心理的苦境に追いこまれ，パーソナリティにさまざまな歪みを生じやすい。

まずがんばり屋は，親に受けいれられるためにひたすら励み，自らも親と同様の完全欲的な人格を形成する。また自分の行動や成績に強く気を配るが，自分の心づもりと異なる現実に直面すると，弾力的にそれを受けいれられず，自分の思う通りにならないと気が済まなくなる。このような心理状況は強迫性の育つ格好の土壌となる。

また完全欲の強い親に飽くなき要求や強制を迫られ，自らも適応できなくなった子どもは，苦難に満ちた現実から脱却して自己愛的な空想の世界に閉じこもることもある。どのみち親に受容されないならば努力する甲斐もないと，空想や幻想の世界に逃避し，内閉的にもなる。

さらに中には，親の完全欲的支配に対し，敢然と立ち上がって親に反攻を試みるものもある。幼児においてはかんしゃく発作，年長児や思春期の家庭内暴力，また攻撃性の行動化(acting out)が反社会的行動となる場合もある。このように完全欲の強い親の養育態度は表面的には保護であっても，子ども本来の個性を受容していない拒否であり，子どもの人格形成を危うくすると考えられる。

怠慢型

③**怠慢型(拒否×服従)** 子どもに服従し，子どもの言いなりになる親だが，実際は子どもを投げやり，いい加減に扱い，放りっぱなしや無視するタイプ。親は子どもに拒否的で，しかもかかわりや支配の意欲も乏しいため，細やかな養育や人間らしい対応を子どもに示そうとしない。昨今増加しているネグレクト(neglect)に相当するものである。

このような親のもとで育つ子どものパーソナリティは，親(または周囲の人々)の注意を引こうとしたり，落ち着きなく行動したりするが，対人関係が冷え冷えとした冷淡なものになりやすい。また受容された経験が乏しいため，自信がなく，不安や劣等感をつのらせ，やがては自暴自棄的な攻撃性を示すこともある。社会の規範が内在化できぬままに反社会的行動に走るものも多い。

	④**残忍型（拒否×支配）** 子どもに拒否的で，しかも親にとって都合のよいような形で子どもを支配するタイプ。最近大きな社会問題にもなっている児童虐待（child abuse）の範疇に入る親たちも，極端なものとしてこの型に入る。親は，叱責，侮辱，体罰，冷酷な仕置き等で子どもを圧服しようとする。核家族化の中で，また他者の目の届かぬ密閉した家庭内で，子どもが小さければ小さいほど，子どもの置かれる状況は過酷なものとなる。このような親の養育態度の中で育つ子どもは，消極的，逃避的で，自発性を極端に抑え殺して，息をひそめて生きるしかない。そしてこの体験はやがて子どもが子ども自身の痛みの解決や満足を満たす手段として，他児に向かって——ことに相手が弱いとみれば——暴力的攻撃的に行動することを学習させる。しかし心理的には抑うつ気分が強く，自己否定，自己嫌悪，自殺願望等の傾向もしばしば見られ，さまざまな人格障害に発展する危険性がある。そして自己も他者も破壊し，滅亡に導くような反社会的行動に駆り立てられてしまうこともある。
残忍型	
児童虐待	

　以上，親の態度と子どものパーソナリティ傾向を模式化して述べた。実際はこれほど単純ではあるまい。父親と母親が同じタイプではなく，いろいろの組み合わせがあろうし，祖父母の存在や周囲の人間関係の介在もあり，図式通りでないことも多々あろう。しかし大きな傾向としては，おおむねこのように考えてもよいのではなかろうか。

親子関係の現状
——大阪レポートの指摘

　現代日本の親（とくに母親）の状況や特徴をキーワードで示すと，「核家族・少子家族・高学歴・マニュアル依存・完全欲・育児熱心・育児不安」といえるのではないだろうか。

　現在，乳幼児を育てている親たちは，急速に進む核家族化，少子化，そして高度な経済成長とともに都市人口が増加し，また流通の能率化で急激に都市化する中で育ってきた。高校進学率が90％を超えたのは昭和40年代であり，親世代より高学歴化している。情報雑誌から命名された「Hanako」世代ともいわれ，細やかな情報やマニュアルに依存することが

多くなった。さらに学校生活が長く，頭の中で学ぶことでひたすら正解を求め，成績を上げることが生活の大部分であったため，完全欲が強く，努力しても成果があらわれぬときに不全感を抱きやすい。

以上のような環境で育ってきた母親の特性として，数少ない子どもを手落ちなく育てることに熱心で，情報過多の中でマニュアルどおりの子育てに邁進する傾向を強めてきた。しかし育児熱心は同時に育児不安をも誘発する。頭で計画したり，予測した通りにならないのが人間，ことに乳幼児の特性で，柔軟で成熟した精神をもたぬ親は育児に疲れ，楽しめず，またわが子への心配や気がかりを増大させ，育児不安から育児ノイローゼへの道をたどることも少なくない。

育児不安
育児ノイローゼ

大阪レポート

育児不安の背景にはどのような要因があるのだろうか。「大阪レポート」[2] (大阪府環境保健部が，ある年にある市で生まれた全数児約2000名を対象に，心身の発達と環境の相互作用を探求しようと生後6年間6回のアンケート調査を行い，その結果を分析考察したもの)によると，育児不安と高い相関性をもつものとして次の5つがクローズアップされた。

①子どもの欲求がわからない
②具体的心配ごとが多く，それが解決されない
③その子の出産前に子どもとの接触経験や育児経験が不足している
④夫(父)の育児への参加，協力がない
⑤近所に話し相手がいない

つまり，子どもと接する中で次第に子どもの気持ちや欲求が理解できるようになれば育児はスムーズにいくが，それが上手くいかないとき，母親の育児への心配や不安が増す。また心配ごとが多く，しかもそれを解決されぬまま抱え込んでいる母親は，育児がしょっちゅう心配であり，赤ちゃんがなぜ泣いたりむずかったりするのか理解できず，心配をいっそう募らせる。さらに現代の親は，娘時代も含めてそれまでに身近に赤ちゃんがいて，抱いたり，あやしたり，ミルクをあげたり，おむつを換えたりした経験が皆無に近く，その結果，心配や不安が高じていきやすい。そして夫(父)の育児への参加・協力がないと母親だけが育児の重責を背負い，責任感に駆り立てられ，イライラしたり，不安になったりしがちになる。また近所に母親の話し相手が存在するか否かは，心配量に大いに関係する。

以上，5つの項目の存在は親を追いつめ，不安やノイローゼに陥る危険

性をはらむ。しかしそれらに留意し，できる限りこれらのカードを手にしないように努力することは可能である。孤独に閉じこもらず，話し相手や支援してくれる人をもつこと，夫(父)の協力を増やすこと，中・高生段階から保育所や乳児院等で乳幼児と親しむ体験をもてるよう学校カリキュラムを工夫すること，子育てグループを作り，心配ごとは早く解決すること等を積極的に実行するとよい。そうすれば子どもとの共感が増し，理解が深まり，育児が楽しくなる良循環に入るチャンスが増えるであろう。

母子関係
——「母性」が見直されるべきとき

母性

　子ども，とくに乳幼児期の子どもの養育の仕方や価値観は，文化によって異なるし，時代によっても変化する。では，母親は子どもに対して先天的本能的に愛情をもつものであるという「母性愛」や，母親が子どもを育てるべきであり，また母親に愛され育てられる子どもがしあわせになれるという「母性信仰」が生まれたのはいつ頃であろうか。多くの社会学者の見解によれば，ヨーロッパで母親の役割が認められるようになったのは17世紀の半ば頃からだという。そうだとすれば，母子関係が重視されるようになったのは，むしろ新しい現象といえるのかもしれない。

　たしかに女性には「生む性」と「育む性」があり，この2つは同一ではなく，別々に考えるべきであるという指摘もある[3]。妊娠，出産，授乳という「生む性」の機能は，古今東西普遍的に女性のみに付与されているものであるが，子どもを育むという機能は必ずしも女性に限定されるものではないというのである。

「子育て＝母親」論

　しかし，過去多くの研究者が子どもの発達に影響を及ぼすのは母親であるという「子育て＝母親」論を展開してきた[4]。その背景には，まず動物学的視点がある。動物学者によれば，"サル社会に父親は存在しない""父親は人類の発明品"ということになり，父親の存在は否定され，母親のみに子育ては委ねられる考え方が優勢である。またローレンツの刻印づけの理論や，ハーローのアカゲザルの観察等に見られる動物における早期体験，ことに母子関係は，その動物の一生涯にわたる方向性を決定するという見

解が有力である。

　さらに心理学的にも「子育て＝母親」論を打ち出した研究者は多い。とくにフロイトを祖とする精神分析学の系譜を引く理論，たとえばボウルビィの愛着理論[5]は，その代表である。彼は，乳幼児期には子どもをとりまく人々のうち1人の大人，とくに母親がとりわけ重要で，母子関係のあり方がその後のあらゆる人間関係の基礎になると考えた。そして子どもが母親の愛情のこもった働きかけや世話を受けられないとき，母性的養育の剥奪（maternal deprivation）という事態に陥り，心身の発達や健康，また人格形成の上に由々しき影響を及ぼすと指摘した。

母性的養育の剥奪
（maternal deprivation）

　ボウルビィの愛着理論は大きな反響をよんだが，その後さまざまに検討され，多くの批判がなされている。とくに子どもの発達にかかわる重要人物として母親のみを特別視すべきかどうか，初期の母子関係がその後の発達に決定的な影響を与えるのかどうか等が主なもので，「子育て＝母親」論をもう一度考察してみるべきであるという潮流も起こってきている。

　そもそも子どもを生んだ母親も血縁という宿命的な縁で結ばれてはいるが，全く受動的に与えられた関係性であるだけに，直ちにわが子を愛することはすでに述べたように不思議とさえいえる。したがってフロムのいう如く[6]，もし母の愛がそこにあるならば，それは祝福のようなもので，ないからといってそれを創り出すことはできないのである。

　そう考えると子どもの養育を母親信仰や社会的な役割論に基づき母親のみに委ねることは，必ずしも妥当とはいえない。母親の育児不安が高まり，その要因として母親が孤独に置かれることが大きいという前述の大阪レポート[2]の報告にもあるように，夫（父）や相談できる友人等の複数の人間関係のシステムが子育てには重要と考えられる。「母性」はいま大きく見直されるべきときを迎えている。

父子関係
——父親登場とその意義

　北極圏に住むヘア・インディアンの社会やイスラエルの農業集団であるキブツのように，子どもの養育が母親の責任とされない文化が存在すると

図2 「お父さん(夫)は育児をよく手伝いますか」と「子どものことに関しては,片親だけが責任をとり,他方はまかせきりですか」とのクロス(3歳半児検診)

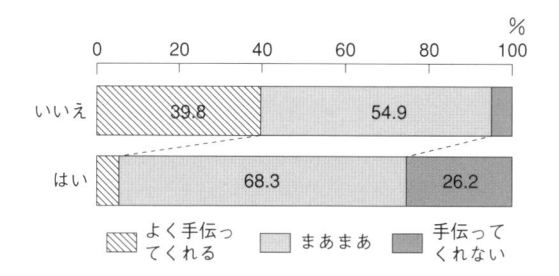

	よく手伝ってくれる	まあまあ	手伝ってくれない
いいえ	39.8	54.9	
はい		68.3	26.2

図3 「お父さん(夫)は子どもとよく遊びますか」と「子どものことに関しては,片親だけが責任をとり,他方はまかせきりですか」とのクロス(3歳半児検診)

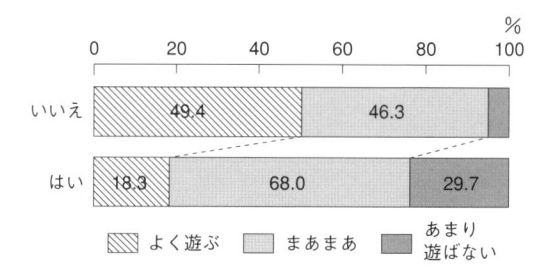

	よく遊ぶ	まあまあ	あまり遊ばない
いいえ	49.4	46.3	
はい	18.3	68.0	29.7

図4 「育児はいらいらすることが多いですか」と「子どものことに関しては,片親だけが責任をとり,他方はまかせきりですか」とのクロス(3歳半児検診)

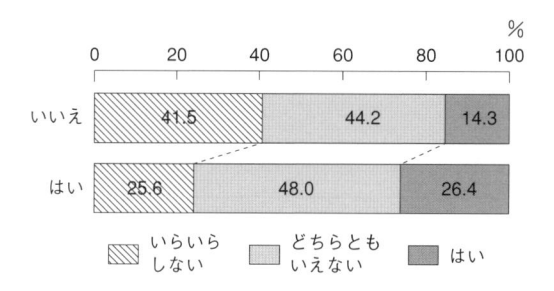

	いらいらしない	どちらともいえない	はい
いいえ	41.5	44.2	14.3
はい	25.6	48.0	26.4

8章 親子関係

父親研究

いう事実もあり，近年「子育て＝母親」論が必ずしも唯一無二の基盤に立つとはいえないという考え方が次第に浸透してきている。とくに1970年代頃より，アメリカを中心にして，子育て中の父親に学問的にスポットを当てた父親研究が活発に行われているが，その中心的役割を担った1人がラム[7]である。彼は著書の中で，父親を"子どもの発達に対する忘れられていたもう1人の貢献者"とみなした。そして父親は母親とはちがった意味をもって子どもに深くかかわることも述べている。たとえば生後7,8か月の乳児は世話をしてくれるなら母親にも父親にも深い愛着をもつこと，父親は母親より体を使ったり，変わった遊びを多くすること，母親が子どもを抱くのは世話やしつけのためで，父親の場合は遊びのためであること等を観察し，報告している。

前述の大阪レポート[2]でも，夫（父親）が育児をよく手伝ってくれることや，子どもとよく遊ぶ場合は母親が1人で育児の責任をとるという重圧感から解放されやすいことを示している（図2，図3）。また母親の育児に対するイライラ感は，片親（母親）だけに育児をまかせられ責任を担うことに相関することも見出されている（図4）。

父親が子育ての世界に登場し，遊びや世話に参加し，母親とともに育児活動をすることは，母親の育児不安を減じ，子どもの発達にもよりよい効果をあげる。また子どもの側のみならず，父親も，母親とともにわが子に深くかかわる経験をもつことは，父親自身の人間的成長に役立つ。それとともに，将来子どもが思春期・青年期，そして成人期へと辿っていくいずれの時期においても，親子間の絆は親の人生，子の人生をともに豊かに成熟させる原動力になりうる。

●引用・参考文献
1) 牧田清志：子どもの神経症，中外医学社，1970．
2) 服部祥子，原田正文：乳幼児の心身発達と環境—大阪レポートと精神医学的視点，名古屋大学出版会，1991．
3) 柏木恵子編著：父親の発達心理学，川島書店，1993．
4) 服部祥子：生涯人間発達論—人間への深い理解と愛情を育むために，医学書院，2000．
5) ボウルビィ，J., 黒田実郎他訳：母子関係の理論Ⅰ，岩崎学術出版社，1975．
6) フロム，E., 懸田克躬訳：愛するということ，紀伊國屋書店，1959．
7) ラム，久米他訳：子どもの発達における父親の役割，家政教育社，1981．

9章 教師・学生関係

　人間は成長発達していく途上で多くの教師に出会う。プラスにせよ，マイナスにせよ，大人になっても忘れられない強烈な印象を残した教師や，人生の進路決定や生き方に大きな影響を受けた教師との出会いや触れあいを経験した人もあろう。子どもと教師の人間関係は，どの年齢においてもきわめて意味深いものである。

　では，その関係性はどのようなものであろうか。まず子ども側からみると，教師は，①学問上の知識や技能を教授する学習指導者，②子ども同士の人間関係を調節する集団指導者，③子どもの人格特性の発達を促す人間的指導者等の役割を担う人物とみなされる[1]。一方教師にとっては，生徒や学生を教育するという活動を通して，教師自らが自分の人格の発達や職業的専門的資質や能力を鍛え高めるという関係性に身を置いている。つまり教師と生徒・学生の間柄は，双方向性に影響を与え合う重要な人間関係の1つといえる。

〔欄外〕教師

　そこで本章では教師と生徒・学生の人間関係を幼少期から順に発達段階にそって概観し，その上で対人援助の専門教育，とくに看護教育における教師と学生の人間関係について考えてみたい。

教師と生徒・学生の人間関係
——発達段階にそって

〔欄外〕就学前

■就学前：「知りたい心」を大切に

　16世紀の思想家モンテーニュの口ぐせは，「Que sais-je ?」（クセジュ＝わたしは何を知っているのか）であったという。『随想録』の著者である彼は，疑問をもつことを生活信条として生きた。真理を求める出発点にはつねに懐疑があり，柔軟で敬けんな態度と子どものような純粋なまなざしが

知識欲の源であると考えたのであろう。

子どもはまさにモンテーニュ同様，おびただしい疑問符を心のうちに満ちあふれさせている。そして「これは何？」「なぜ？」「いつ？」「どこで？」「どうやって？」とあくことなく質問の矢を放つ。たとえば自分の身体に興味を抱く。なぜ身体にはいろんな部分があるのか，どうしてそんな形をしているのか，頭やおなかの中には一体何があるのか，どういうわけで自分（女児）と○○くん（男児）の身体には違うところがあるのか，等々。

他の人間への興味も盛んで，赤ちゃんはどうして泣くのか，うれしい時なぜ笑うのか，△△さんは何をする人なのか，どうしてあんなことをするのか，等々。

さらに子どもは自分をとりまくさまざまな事物や事象について知りたがる。空はなぜ青いのか，川はどこへ行くのか，男と女はどうして好きになるのか，赤ちゃんはどこから生まれるのか，人はどうして死ぬのか，等々。

このような質問を盛んに口にするのは，3〜6歳ごろの子どもに多い。これは生まれたばかりの，まだ自他の区別のつかぬ乳幼児期から，日々の生活を生きる中で，次第に自分という存在に目を向け，また自分をとりまく人間世界を瞳をいっぱいに見開いて眺めることにより，あふれるような興味と好奇心が自ずと心に湧いてき始めたからである。この「知りたい心」を壊さないように大切にすることを，この時期の幼稚園や保育園の教師は最も留意すべきである[2]。

教師によっては，ごく当たり前と思っていることを質問されて説明に窮したり，性や誕生や死のような深いテーマには答えることに戸惑いや恥らいを感じることがあるかもしれない。そして答えをごまかしたり，「つまらないことを聞いてはいけません」と叱ったり，質問を無視してしまうこともあるだろう。しかし，それはしてはならない。教師の態度如何によって，真理を探求しようとする子どものまっすぐな知的欲求が伸びもするし萎えもする。素直で単純な答えでよいから，教師は自分の言葉を用いて誠実に子どもの質問に応ずることが望まれる。また，子どもと好奇心や興味を共有することで，教師と園児の人間関係はより生きいきとしたものになる。

一方，子どもの「知りたい」という欲求とは無関係に，集団的画一的に知識を教授することは，この時期には不適切である。これは小学校入学後に

知りたい心
興味，好奇心
幼稚園
保育園

	なされるべきもので，幼稚園や保育園が先取りしてはならない。
親的人間	結局，就学前の教師と園児の人間関係は，親的人間と個々の子どもという結びつきが基本型といえる。そして，生まれてはじめて家庭外の社会で出会った大人（教師）や同年齢の子どもとともに生きるという体験は，子どもの情緒や社会性を大きく育てる。それは，知性においても感性においてもずっと後の人生を歩む上の礎えになるほど貴いものである。ロバート・フルガムの『人生に必要な知恵はすべて幼稚園の砂場で学んだ』（池央耿訳，1990，河出書房新社）というエッセイがベストセラーになったことからも，このことに共感する人がいかに多いかがわかる。

■小学生期：「勤勉性」「学ぶ喜び」「有能感」を大切に

　人間は他の動物とは異なり，意図的に学ばねばならない。そのために学校がある。日本では6歳になった4月より小学校生活が始まる。これは今までの家庭中心の生活から，学校中心の生活へと子どもの日常が移行していくことを意味する。つまり，幼稚園・保育園時代とは異なり，小学生期になると時間的に学校で過ごす割合が大きくなり，内容的には「学ぶ」という活動が中心課題で，いろいろの知識や技能を習得していかねばならない。それも6歳までの乳幼児期は，子どもの欲求を大切にし，やりたいことをやりたいようにする活動が中心であったが，小学校ではやりたい・やりたくないに関係なく，やらねばならない課題が多くなる。

　しかも学習は多かれ少なかれ同年齢の者同士が1つの教室に集い，同じ教科書を用いて一斉に集団的に学ぶ方法で行われる。さらに放課後を学童保育所で過ごす子どもは，小学校入学と同時に1日に2つの集団に自分で通学・登所しなければならない。新しい試練のなかで教師は生徒たちが人間的に発達していくような学習指導者として向き合うのである。その際最も重要なことは，生徒1人ひとりが「勤勉性」を身につけ，「学ぶ喜び」を知り，「有能感」を培うよう支援することである[3]。

　「勤勉性」とは，"まじめに命じられたことをきちんとする"という意味ではない。自分のもっている能力やエネルギーを学びの中に投入して，何かに勤しみたいと願う熱意のことをいう。また人間は本来，できなかったことができるようになり，わからなかったものがわかるようになることは喜びである。たとえば，今まで知らなかった漢字が一字でも多く書けるよう

になり，鉄棒ができ，絵が描け，掛け算ができ，笛が吹けるようになれば，それが人より早かろうと遅かろうと誇らしく喜ばしいものであるように。これが「学ぶ喜び」である。その喜びにかげりができやすいのは，成果を試験の点数や順位のみで測定するからである。もちろん試験の結果や順位は自分を知る上の1つの指標として意味があることを生徒に知らせる必要はあるが，究極は人との比較ではなく，自分らしくがんばることが最良という大らかさと自信をもつことが大切である。そうすることで，"自分には自分なりの力がある"という感覚（これを有能感，コンピテンスとよぶ）が心の中に育てられ，その後の人生で内側から自分を支える力となる。

　小学生期に，このような貴い力を培うことを念頭に置いている教師との人間関係は，生徒にとっては学習指導者であると同時に，親とはちがう親密な大人とのはじめての出会いの経験でもあり，深く心に刻み込まれることが多い。そして，それはやがて訪れる思春期の準備としても大きな意義をもつ。

■中・高校生期：「性のめざめ」を大切に

中・高校生期

　義務教育期間である中学生期，90％以上が進学する高校生期。いよいよ思春期の到来である。

思春期(puberty)
二次性徴

　思春期(puberty)は二次性徴の発現とともに始まり，長骨骨端線の閉鎖で終結する時期と定義される。

　二次性徴の発現は今までの身体とはちがう新しい自分の身体との出会いを意味し，さらに内側からつき上げてくる性衝動という新しいエネルギーの存在にも気付かされる。これは生物体のきわめて健康な営みであるが，思春期の若者たちを大いにゆさぶる。男子の射精，女子の初潮は性的に成熟した男女の証しであるが，性の知識や情報が蔓延している現代においても，それは一大事である。

めざめ感
自己中心性

　思春期の若者の最大の特徴は「めざめ感」と「自己中心性」にある[4]。めざめ感とは，今までどおりの自分でありながら，何か新しい存在として生き始めたという新鮮な驚きをもつ感覚である。「性のめざめ」は「自我のめざめ」でもある。これは乳児期から営々として培ってきた自我の発達の基礎の上に，新たに自分が自分であるという内なる自己との出会いと発見がなされる時の感覚である。

このようなめざめの中で，思春期の若者はひたすら自己に目を向けていく。この自己中心性は時に周囲の他者をかえりみるゆとりを失わせたり，世界の中心にただひとり自分を置くという排他性をも示すが，ひたむきな自己中心性が思春期の若者の自我意識を育て，やがて向き合う自我同一性（アイデンティティ）確立へのエネルギーを結集していく上に役立つ。

自我意識
自我同一性

　このような思春期の課題に直面している中・高生と向き合う教師は，何よりもまず思春期という時期の理解が必要である。受験が大きなテーマであるだけに学習指導者としての期待が寄せられもしようが，もっと重要なことは，生徒がひとりで自分に向き合うことを良しとし，見守る姿勢をもつことである。

　思春期には，不登校や心身症，いじめや行動上の問題が多発しやすい。その背景には親子関係，過去および現在の友人関係や教師と生徒の関係，子どもをとりまく社会の価値観や人間観，またメディア情報の影響等がからみあって一言ではとても説明できない。そのため中学校や高等学校の教育現場ではどう対応すべきかを苦慮することが多い。それに対して効果的な回答を用意することは難しいが，教師の存在は彼らにとって決して小さくない。親以外に社会で出会う重要な親的人間だからである。

　ただ親的人間であっても，思春期になれば幼少期や小学生期のように，そばによりそい，守る（支配もする）のではなく，母港を離れゆく小舟を陸地で見守る役割である。大声で語りかけても背を向けて出ていく小舟。そして小舟からふり返ってみれば，かつて大きく力強いと思っていた人物（親や教師）が小さくつまらなく見えたりもする。しかし母港で見守る人がいることを小舟は力強く思う。いざとなればあそこへ帰れると思うだけで。そして何ものかに導かれるように小舟は大海原に向かう。

　中・高校生の秘密主義，反抗心，教師に対する批判や軽蔑は，思春期という時期にあってはそれほど不思議はない。大らかな心で生徒を見守る懐の深さが求められる。またもし問題をもち挫折をした生徒が教師の元に来たら，母港に帰ってきたわけであるから，1人の人間として誠実に向き合い胸を貸すことが望まれる。問題に立ち向かうのは本人であるが，教師の存在が若者にもたらす力は大きい。

大学生期

■**大学（短大・専門学校）生期：自我同一性（アイデンティティ）を大切に**

高校卒業後の高等教育機関(大学・短大・専門学校等)に身を置く学生と教師の関係は，青年期のテーマが焦点になる。

青年期(adolescence) 　青年期(adolescence)は思春期同様，児童期と成人期の中間に位置する。ただ思春期は性の成熟が発達の中核にあるのに対し，青年期は主として精神発達における心理・社会的適応過程を意味する。この２つを同時期とみなす学説もあるが，著者は思春期，ついで青年期と継時的に位置づけて考える[4]。つまり性にめざめ，自我にめざめる思春期において自己中心性と孤独の葛藤の中を生きた後に，いよいよ自分とは何ものか，将来の自分は何でありたいのか等を考え始める。これは自我同一性(アイデンティティ)を獲得しようとする過程で，青年期の中心テーマといえる。

自我同一性（アイデンティティ）
内的不変性
連続性
　自我同一性とは，自分自身が独自のものであるという，内的不変性および連続性を維持する能力とその感覚のことをいう。人は各々国籍，民族，性別，職業等から規定される自分をもっている。そうした多面的な自分を統合し，１人の人間として一貫した自分という存在を確認しながら生きる。このような自我同一性は，自立して生きる上にもっとも重要な活力で，これを青年期におぼろげながらも獲得することが望まれる。高等教育機関に身を置く学生は，学問を習得しつつ同時に青年期の人間的な発達課題に向き合っているのである。そのような学生と出会い触れ合う教師は，彼らの社会化と個性化のいずれにも深くかかわることが必要である。

社会化　まず，社会化。社会の一員であるという感覚や，他者と共に生きる力は幼少期から各発達段階にふさわしい学びや遊びの中で培ってきているが，社会に巣立つ日を目前にしていよいよ自立した社会人になる最終準備が大切な課題となる。そのために大学(短大・専門学校を含む)では，専門教育とともに教養教育が設けられている。人間としての教養の深さや自主性，創造性，倫理性，公共性，協力性等の社会性の涵養が専門的な知識や技能の獲得とともに大学教育の大きな柱となっているのである。したがって，教師は学生の豊かな社会化を促し支援する役割を担っている。

個性化　また個性化は，自我同一性の獲得とも深く結びつくもので，学生は各々１人の人間としての自分を見出す作業を進めねばならない。その際教師は学生の身近かにあって，学生の個性重視という指導観をもち，人間的触れ合いを大切にする人間関係を築くことが必要である。もはや上から下への知識伝達型の教育システムや，支配−服従型の人間関係は適切とはいえな

い。学生の社会化と個性化を念頭に置いた双方向性かつ対話型のつながりが教育現場における教師−学生の人間関係にもっともふさわしいものと考えられる。

教師と大学生・短大生・専門学校生の人間関係
——援助専門職（とくに看護職）養成教育の中で

看護職養成教育　　高等教育機関における教師−学生関係については，すでに総論的に述べたが，ここではさらに援助専門職（医師，看護職，介護職，臨床心理士，理学療法士，作業療法士，言語療法士，教師，保育者等）の養成課程における両者の関係を考える。なぜなら対人援助を専門とする人たちは，もっとも人間関係を重視すべき職業人であるとともに，その職業人を育てる教育機関の教師−学生の人間関係は，未来の専門職者の生き方や職業同一性の獲得にきわめて大きな影響力をもつという二重の意味があるからである。著者は今までに医系大学，教育大学，看護大学，福祉系大学で教鞭を執った経験をもつが，ここではとくに看護者を育てる教育のなかでの教師−学生の人間関係をとりあげる。

未熟性　　■**学生の未熟性の理解**

　人生において10代から20代前半にかけての時間ほど，さまざまな側面での激しい変化の時はない。すでに述べたように中・高校生期（思春期）において，若者は性の成熟の進行という身体的大変化に遭遇する。そしてそれが引き金となり，親からの精神的別離とそれにともなう孤独な世界への彷徨が始まる。それに続くものとして，自我同一性（アイデンティティ）の獲得と社会参加をめざして，青年期（18〜22歳頃）が到来する，というのが発達論的図式として考えられる。ところが総じて現代の青年は，暦年齢から眺めて相対的に精神的には未熟である。その背景には，①自然との触れ合いの欠乏，②知育偏重，画一性の強い学校教育，③親の過干渉もしくは放任，④大人世界の文化，伝統，宗教，モラルの弱体化等が人間としての豊かで奥行きのある発達をそこねていると考えられる。

経験欠乏症候群　　しかし，著者はかつて「経験欠乏症候群」を日本の子どもや若者の未熟性

図1 経験欠乏症候群と未熟性の相関

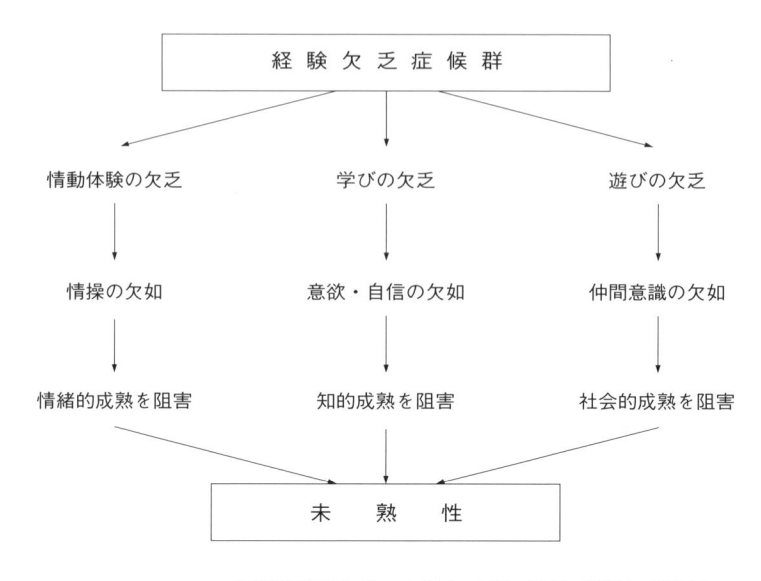

```
           経 験 欠 乏 症 候 群
          ↙        ↓        ↘
   情動体験の欠乏   学びの欠乏   遊びの欠乏
        ↓            ↓            ↓
     情操の欠如   意欲・自信の欠如  仲間意識の欠如
        ↓            ↓            ↓
   情緒的成熟を阻害  知的成熟を阻害  社会的成熟を阻害
          ↘        ↓        ↙
              未   熟   性
```

服部祥子著『親と子—アメリカ・ソ連・日本』, 新潮社, 1985より

のルーツにあると指摘した[5]が, 現代青年の未熟さは, 幼少期からの遊び, 学び, 情動体験の欠乏に何よりも起因するといえる(図1)。

遊び　　　　　　遊びの欠乏は多くの研究者により指摘されているが, これは人間関係の
学び　　　　スキルや社会化という社会的成熟を阻害する。また学びはどんなに机の前
　　　　　　に座って長時間学習しようとも, 学ぶ喜びや有能感を個の内面で生き生き
　　　　　　と知覚し, それを体験しない限り, 真の知的成熟への歩を進めていると
情動体験　　はいえない。また五感をふるわすような情動体験が欠乏すると, 人間として
　　　　　　の感性や情操が深まらず, 情緒的に未成熟なレベルに留まる。
　このように経験, とくに上記の3つの重要な経験の欠乏による未熟性
は, 現代の高等教育機関の学生全般に概ね当てはまる。このことを教師は
まず認識しておく必要がある。
　では, どうすればよいのだろうか。
　人間性の各側面が年齢よりも未熟であっても, まだ伸びる可能性があ
る。そう信じて, 今からでも遅くはない, できる限り実体験を多くするよ
うにと学生を励まし, チャンスを与えることが大切である。中・高生どこ
ろか小学生のレベルと思われる言動を学生が示すことがあるかもしれな
い。しかし, 常に叱責するのではなく, ヒントを与えたり見本を見せ, 少

しでも努力や試みをするよう励まし，小さな成果でも認めて賞め，ポジティヴに評価することで，人間的な成長を促すことが大切である。

■自我同一性（アイデンティティ）のゆらめきの理解

　高等教育機関の中でも看護学生はもっとも輪郭のはっきりした未来につながる専門教育を受ける。看護学生としての職業アイデンティティを獲得する道を着々と歩くわけで，あれこれ迷う必要はない。ところがそれ故にこそ，息苦しさや窒息感が増し，「看護が本当に私に適した未来の職業なのだろうか」と惑い，ゆらめく学生も多い。

　18歳前後の年齢の，しかも前述のようにその年齢相応に期待される成熟度に達していないことの多い未熟な現代の青年が，自己の内面をみつめ，さまざまな選択肢の中から主体的に，また的確に看護の道を選ぶことは決して容易ではない。看護という職業をしっかり認識し，自分の特性と照らし合わせて自己決定をしたつもりの学生でも，これでよかったのかと立ち止まったり，動揺したりするのであるから，看護の何たるかをほとんど知らずに決めたものは，わずかな困難や試練に遭遇するだけでもふらついたり逃げ出したりしたくなることは多いだろう。そのことを十分理解することが，教師と学生の人間関係には大切である。

　ゆれ動いている時には，授業を欠席したり，努力を怠って不認定の成績をとったりする学生がいるが，教師がそれを即人間失格とか精神力の弱さとかわがままで身勝手等とマイナスの烙印を押すことは真の解決にならない。ゆらめくことはどんな人間にもあること，まして自分に真剣に目を向け始めたばかりの青年期ではきわめて自然のことである，と説明することは，学生に心の安らぎと救いを与える。その上で学生に，直ちに看護の道を断念することはしないで，できれば迷いつつも踏み止まることをすすめるのがよい。

　学生のアイデンティティは職業に関するもののみならず，人間としてのさまざまな側面においてもゆらめていることが多い。それらも青年期にふさわしい姿であることを伝え，大らかな気持ちをもって見守ることが望まれる。

実習体験

■ 実習体験がもたらすもの

　看護教育の中での臨地実習は非常にウエイトが重い。卒後直ちに医療現場で一人前の看護者として自立して働くことを念頭に置いているため、看護教員はこれに真剣にとりくむ。生命を守る専門職の養成であるだけに、その意気込みは強く、また頭で考えるだけではなくさまざまな技能を身体で覚えさせねばならず、学生指導もいわゆる「徒弟制度」的雰囲気が多かれ少なかれ漂う。

　一方、学生のほうは前述の如く年齢に比して未熟で、人を愛し人を気づかい世話するという気持ちより、自分が愛され気づかってもらい、大切にしてもらいたいという発達段階に留まっているものが多い。そのため看護やケアについて自分で考え、自発的に動き、ときには自分で自分を律するという自我の成熟がまだおぼつかなく、教師に依存する「待ちの姿勢」をとったり、他者に対する最小限の礼儀や心づかいさえも身についていないため、悪意はなくても社会性の低い態度をとったりする。

　このような教師と学生間のギャップや乖離が大きい時、お互いの人間関係がぎくしゃくしたり、険悪になることも往々にして起こる。そして教師は嘆息をともなう学生批判を突出させ、学生は欲求不満耐性の低さからくる脱落や逃避に走ることが起こりかねない。それではせっかく看護を志してきた後輩を失うことになる。

　したがって、看護教員は、たとえそれが正論であり、もっとも効率のよい方法であろうとも、教師主導による訓戒的な教授法一辺倒で学生に向き合うことは望ましくない。学生の精神的な発達段階に合わせた親切でわかりやすい指導を念頭に置くことが大切である。もちろんそれは自堕落でいい加減な態度を大目に見るということではない。臨地実習場の指導者に対する言葉づかいや態度、患者さんに向かう姿勢等に不適切なことがあれば、凛（りん）とした態度で指摘すること、また無断の遅刻や欠席に対してもきちんと指導すること等は教育上重要である。ただその際、"責任感がない"とか"思いやりや優しさがない"等の人格を非難するような表現や、"生命をあずかる職業人にあってはならない態度"といった究極の目標をもちだして叱責するのは適切ではない。学生の問題行動の多くは、人格や職業倫理と直接関係するのではなく、むしろ未熟さゆえの言動なのである。したがって"人間は誰しも失敗や間違いをおかしやすいものであり、誰も

がより人間的に豊かに成熟するよう修業していく必要がある"というふうに，人間らしく話しかけ，その上で適切な行動をとれるようがんばらせることが良策と思われる。

　看護実習は学生にとってははじめて社会に出て看護の実際に触れることであるから，きわめてインパクトの強い体験である。たとえ間違いや失敗があったとしても，人とつながることの味わいを実感し，看護という仕事への興味と関心を抱き，またその価値や尊さをかすかでも感じることができれば，学生の心の中に看護の道を進むことへの勇気と希望が湧いてくる。反対に実習を通して看護の仕事を重く苦しいものと感じ，また看護職者の人間関係に失望や嫌悪を抱いてしまう体験をしたものは，この時点で看護への道を断念したり背を向けたりする。まさに実習は看護教育の道を進むか断念・退却するかの分水嶺になることが多く，実習のもたらすものは大きい。

モデル

■看護教員は学生の行く手を歩む1人のモデル

　看護学は実践にしっかりと軸足を置く学問である。知識や理論を教授することも大切であるが，それを実践に生かす生きた知恵と，実際に役立つ技術を身につけることが必要とされる。学生は自分の未知の未来，歩みゆく行く手を，希望と不安をもって目をこらして見ている。そこにはじめて登場する生きたモデルという役割を，1人ひとりの看護教員は担っている。看護の世界を生きてきた人特有の笑顔や涙や汗の匂いが間違いなく漂ってくる時，学生は1人の人間として，また先を歩く職業上の先輩として教師を眺める。そして正負いずれであろうと生き生きとした感想を抱く。看護が大好きという教師は，看護の魅力を感じ始めた学生に，「よいモデルを見つけた，私もああなりたい」という思いをふくらませるであろう。また「看護が好きで学んだわけではないが，経済的な理由などで看護の道を選んだ」と率直に教師が語るとき，同じ事情を抱え進学した学生は共感を示すかもしれない。教師への反発と批判の中で，「私はああはなりたくない」と理想論をかかげ，反面教師として目の前の教師を眺める自主的で気骨のある決意を示す学生があってもよい。

　要は教師が，生きている人間としてのモデルであることを自覚して学生に対することである。理想的で立派な人物のみがモデルになるのではな

い。多少の欠点やいびつさがあっても，素朴に素直に一個の人間として学生の前に立つことこそが意味深い。そして，看護教育における教師と学生の人間関係は何と奥行きのある面白いものなのだろうと，教師自身が楽しむことができれば，学生にもまた看護の世界を味わい楽しむゆとりが生まれるであろう。

●引用・参考文献
1) 安藤延男編：人間関係入門，ナカニシヤ出版，1988.
2) 服部祥子：子どもが育つみちすじ，朱鷺書房，1989.
3) 服部祥子編著：こころの危険信号，日本文化科学社，1995.
4) 服部祥子：生涯人間発達論—人間への深い理解と愛情を育むために，医学書院，2000.
5) 服部祥子：親と子—アメリカ・ソ連・日本，新潮社，1985.

10章 職場の人間関係

　職場とは働く場のことである。そこには2つの特性がある。1つは集団という複数の人間によって構成されている場，という意味である。人は遊び仲間，サークル，会社等のさまざまな集団に所属して生活しており，職場もその1つである。したがってまず集団というものの理解が，職場の人間関係を考える上には必要であろう。

　もう1つの職場の特性は職業に関係する集団や組織であるという点にある。それぞれの職場は固有の目的をもって共同で仕事をする職業人の集まりである。それゆえ各々の職業のもつ個性が，職場の人間関係に大きく影響を及ぼす。

　本章ではまず集団や組織という視点から職場というものを眺め，そこでの人間関係の成り立ちや結びつき（コミュニケーション），さらにはストレスとその対応等を考える。その上で，保健・医療・福祉領域の職業に結びつく職場の人間関係を考察したい。

職場というもの
——集団の視点から

集団

グループ・ダイナミクス（集団力学）

■**集団とその力学**

　ゲシュタルト派の心理学者レヴィン（Lewin, K.）は，グループ・ダイナミクス（集団力学）を創設し，研究の対象を個人から集団に移し，集団における人間心理を研究した。もともとレヴィンは個人の心的機能を研究対象とし，人間の行動は人と生活空間に不均衡が起きた場合に緊張を解消すべく生じるものである，という「同時性の原理」を展開し，個人のもつ社会的知覚に目を向けていた。その後，彼はナチス・ドイツのユダヤ人迫害を逃れて，1935年ベルリン大学からアメリカに亡命したが，これを機にグルー

プ・ダイナミクスの研究へと進んでいった。その背景の1つにはヒトラーとナチスという存在があったにちがいない。

リーダーシップの型　　たとえばレヴィンの代表的な研究にリーダーシップの型と集団の雰囲気に関する実験がある。それは子どもクラブのメンバーを被験者にして，全く異なるタイプの大人のリーダーによる指導という設定の下での実験である。

専制型リーダー　つまり大人のリーダーには，①専制型リーダー：全ての作業や行動をリーダーが指示・命令する。子どもには作業の全体を教えず，その場その場で必要なことのみを指示。リーダーは作業に加わらず，特定の子をえこひいきし，成績の上がらない子どもには罰を与える。

民主型リーダー　②民主型リーダー：全ての作業や行動を皆で一緒に話し合いながら決定。作業の全体像を全員に教え，励まし合い，誉め合う。リーダーも作業に加わる，という2つのタイプで，それぞれ子ども集団を指導するというものである。

　実験の結果，2集団の生産性は同程度であった。しかし集団の雰囲気や子どもたちの満足度には大きな差があった。即ち，民主型リーダーの下での子どもたちは集団活動に満足していたが，専制型リーダーの指導下では不満が強かった。そしてその不満はリーダーには向けられず，最も弱い子どもに向けられ，スケープゴートにしていじめるという攻撃行動になって現われた。

　レヴィンはこの実験により，ナチ的な専制型リーダーシップとアメリカ的な民主型リーダーシップによる各々の集団の雰囲気やメンバーの満足度を比較し，集団のもつダイナミクスに目を向けたのである。

　職場も集団である。個人ではなく集団となった時のダイナミクスは，さまざまな集団によって変化する。その1つの例としてリーダーの型をあげたが，職場の人間関係もこのようなグループ・ダイナミクスの視点から眺めることが大切である。

タテ関係
ヨコ関係

■タテ関係とヨコ関係

　職場は1つの組織である。組織は企業であれ病院であれ，それぞれに達成すべき目標をもっている。それを効率よく実現するためには，多かれ少なかれ2方向の分業が必要である。

　1つは組織の垂直方向(タテ)での分業である。組織には必ず階層が生まれ，経営(責任)者，管理職者，一般職員(その中にも上司と部下がある)等

の上下の序列が存在し，各々の役割を遂行する。もう1つは水平方向(ヨコ)での分業で，組織の系統(部門)や職務(課題)に応じて横並びに活動を分担，協力して仕事を行う。そしてそこには"同僚"という関係性も生まれる。

　日本は古来より社会の機構や機能がタテ構造で営まれるという伝統を有していたといわれる。組織も同様でいわゆる年功序列という垂直方向の流れが優先され，上から下へと活動の目標や方針は命令の形で伝達され，それが組織の統一と実効性を高める上に役立った。しかし戦後欧米の民主主義の潮流が流入することにより，日本の組織も，上から下への一方的なタテ構造による力学が弱まり，水平もしくは下から上への動きも活発になってきている。

　このような変容の中で，職場の個々人はかつてより自由で流動的な活動が許されるようになったが，その分だけ人間関係もより複雑で難しくなっているともいえる。たとえば部下が公然と上司の指令や考えに反対の意見を表明したり，上司と部下の言い分や要求が相互に対立するため板挟みになる等のタテ方向の葛藤もあれば，同じ部署内での意見の対立や同僚間の激しい出世競争等のヨコ方向の緊張もある。このように組織内のタテ・ヨコの人間関係は対人緊張や摩擦を避けることができない。したがって職場の人間関係は，つねに穏やかで温和なものであり続けることは難しいということを前提にすべきかもしれない。

情緒的関係
機能的関係

■**情緒的関係と機能的関係**

　人間関係には情緒的な側面と機能的な側面がある。日本人の特性はどちらかというと情緒性を重視し，それも周囲の人との「和」や「協調」を大切にして，きわだった個性や突出した意見は敬遠されがちである。

　現に多くの人は人間関係をイメージする時，和気あいあいとした親しみと楽しさを基調にした情緒的な関係性を理想とするのではなかろうか。たしかに友人関係や趣味の集い等においては，そのような人間関係を成立させることはできるかもしれない。

　しかし職場における人間関係は，前述のタテ，ヨコいずれの関係においても，葛藤や緊張が存在する。それは組織というものが根本的に機能性を追求するものだからである。したがって組織に所属する人間同士の関係性

は情緒的というよりはるかに機能的・道具的なものなのである。もちろん情緒的関係性が機能面に陰に陽に影響を与えるので，職場の人間関係を考える上でも人間間の情緒のつながりが大切であることは確かである。しかし，情緒的関係のみに溺れたり流され過ぎてはならない。職場の人間関係は本来すぐれて機能的であることを理解すべきである。

公式（フォーマル）の人間関係
非公式（インフォーマル）の人間関係

■公式（フォーマル）の関係と非公式（インフォーマル）の関係

職場にはその組織の目的を達成するためにつくられた公式（フォーマル）の人間関係と，自然発生的に生じた心理的な結びつきによる非公式（インフォーマル）の人間関係がある。

公式の人間関係は組織の円滑な運営，目標をよりよく達成するために定められた規則や規範，また地位や役割とそれに応じた権限，さらには効率性の論理，こうした原則のもとに成立する関係である。このようなフォーマルの人間関係がより強力なタイプの職場は，機能的ではあっても個人を「型」にはめる傾向が強い。そして個人的な欲求充足やアイデアの実現等を断念せざるを得ないことも起こる。これが高じると，組織の指示とあらば何でも従うが，自分では何も考えようとしないという，組織隷属型人間が増加する職場ともなりうる。

一方，非公式の人間関係は互いに公的立場にあることを知りつつも，個人的な感情や趣味や好き嫌い等に導かれる他者との情緒的な人間関係である。これが全面に出るような職場はある意味では人間味のある雰囲気が漂うかもしれないが，組織の活動が不確実，不安定になる危険性も高い。

職場が組織としての目標をもつ機能的集団である以上，まずフォーマルの人間関係が中心に置かれるのは当然である。しかし，インフォーマルの人間関係にまで強い制約や禁止を及ぼさない配慮も必要であろう。2つの人間関係のバランスが大切である。

集団の凝集性と斉一性

■集団の凝集性と斉一性

集団の魅力にはいろいろあるが，自分1人ではやりたくてもできないことが，大勢の力を合わせることで可能になり大きな仕事ができるという点にある。そして共通の目標をもって協同作業をすることで仲間との一体感が生まれ，達成感も強まる。このように集団には，集団のまとまりを強め

る作用(凝集性)と，できる限り同一性を保とうとする作用(斉一性)がある。職場集団も同様である。

　職場が集団としての凝集性や斉一性を高めるには，目標を明瞭にもつこと，メンバー間の相互のコミュニケーションを十分に行うこと，集団が大きすぎずつながりを明確にもてること等が効果的な要因としてあげられる。

　しかし，人は集団に所属することで苦しい経験をすることも多い。失敗や負けた場合に，その原因や理由が誰か個人に帰せられたり，個人の思いより集団の決定が優先されたり，自由な意志や行動をおもてに表しにくかったりもする。また逸脱は拒否・阻止されやすい。

　職場の凝集性や斉一性は集団としての力学上確かに意味深いが，これが余りに強過ぎるとメンバーへの圧力が過大になり，個人を追いつめることになる。凝集性や斉一性も適切な度合いが望ましい。

職場機能とコミュニケーション
──円滑な流れをつくるために

　どの職場も1つの集団である。そこには集団としての力学やさまざまな人間関係，そしてそのつながりとしてのコミュニケーションがある。職場集団がその生産性やメンバーの満足感を高いものにするためには何よりも職場の機能が円滑に流れ，成員間のコミュニケーションが上手くとれることが大切である。職場の人間関係はすでに述べたように，タテ(垂直)－ヨコ(水平)関係，垂直方向の場合は階層の上－下(上から下，下から上へ)の関係，公式－非公式の関係等がある。これらの関係性が上手に組み合わされ，バランスよく機能する時，職場組織は最も健全な状態にある。それを推進するのがコミュニケーションである。職場のコミュニケーションの流れが詰まったり，歪んだりしないようにするためには，リーダーとリーダーシップ，メンバー間のコミュニケーション・スキル，自己実現の工夫等が大きな力になる。

■リーダーとリーダーシップ
　職場の人間関係やコミュニケーションの流れに多大な影響力をもつもの

として、まずリーダーの存在とそのリーダーシップのあり方がある。

リーダー

　リーダーシップに関する初期の研究ではリーダーに焦点を当て、リーダーに共通する性格や行動の特性を明らかにしようと試みられた。しかしリーダーの特性として知能、年齢、活動性、社交性等を調べても一貫した結果は得られず、結局リーダーに要求される特性は集団のおかれている状況によって異なると考えられるようになった。

　次いで集団内のリーダーの行動様式に着目したのが前述のレヴィンらで、リーダーの指導方式として民主型、専制型、放任型の3つに分類し、成員への影響を検討した。その結果、民主型リーダーのもとでは成員の交友関係は高まり作業の質・量とも優れていた。一方、専制型では作業成績はよかったが成員間に攻撃的な反応が見られ、強い不満が生じた。また放任型では士気は上がらずモラールも低く、作業の質量ともに劣っていた。

民主型リーダー
専制型リーダー
放任型リーダー

リーダーシップ
目標達成機能
（performance機能）
維持機能
（maintenance機能）

　日本でのリーダーシップに関する研究として三隅二不二(1984)のPM理論がある[6]。リーダーシップの機能を集団の目標達成機能（performance機能）と集団の維持機能（maintenance機能）からとらえた。ここでいうP機能とは、目標達成のために計画を立てたり、メンバーに指示や命令を与えるリーダーの行動であり、M機能とはメンバーの立場を理解し集団内に友好的な雰囲気を生み出し、集団のまとまりを維持強化しようとするものである。この2つの機能の強弱の組み合わせによって、PM、P、M、pmの4類型に分類した（図1）。それによると一般的にPM型では集団としての生産性やメンバーの満足度が最も高く、pm型では生産性が最も低く、不満も高いことがわかった。

　このようにリーダーとそのリーダーシップは職場の機能やメンバーの結びつき、満足度に大きな影響を及ぼす。ある集団で有能なリーダーシップを発揮した人が、別の集団で同様の効果を発揮するとは限らない。リーダーの個人的な特性にのみ依存するのではなく、レヴィンや三隅らの理論を参考にしつつ、さらに職場のもつ特質（集団の大きさ、メンバーの専門性等）や目標や機能等を考慮し、その集団で求められるリーダーシップとは何かを把握し、対応することが職場の機能を円滑にすすめることになろう。

図1　リーダーシップのタイプ（三隅ほか，1966）

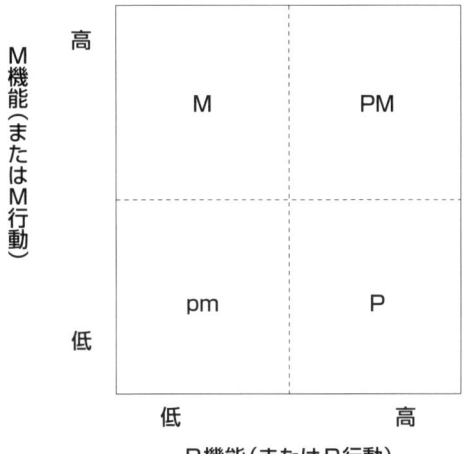

```
高 │      M    │    PM
M機  │           │
能   │ - - - - - + - - - - -
（   │           │
ま   │     pm    │     P
た   │           │
は   │           │
M    │           │
行   │           │
動   │           │
）   │           │
低 └───────────┴──────────
      低              高
         P機能（またはP行動）
```

■ソーシャル・スキルとコミュニケーション・スキル

　職場の機能をより健全なものにしていくためには，人間関係を深めたり，より相互理解の高いものにするソーシャル・スキルが重要になってくる。ソーシャル・スキルには，まず会話を始める術や人の話を聴くという初歩的なものから，意見の不一致や感情の対立等の葛藤状況を克服していくとか，変わりゆく目前の状況の変化に対応して適切な判断を下すというような高度のスキルまである。

　ソーシャル・スキルは生まれつき備わっている能力ではなく，実際に対人関係を経験し，その中で磨かれ育つものである。相手への報告，相談，指示等を適切に伝える訓練や，挨拶から始まって場を和ませる会話術の習得等，効果的な言語によるバーバル・コミュニケーション・スキルの能力を高めることは心がけられるべきである。さらに相手の目を見つめたり，タイミングのよいうなづきや表情による応答，さまざまなしぐさや相手との距離や顔や身体の向きのとり方等の非言語性のノンバーバル・コミュニケーション・スキルもまた重要なソーシャル・スキルである。

　具体的なトレーニングとしては，基本的に自分の考えや感情を大切にしつつも相手の言い分をも配慮する自己表現のあり方を訓練するアサーション・トレーニングがある。また自分が対応しようとする状況をあらかじめ客観的に見つめ，表現のし方，具体的な提案のし方，提案が受け入れられ

（左余白注記）
ソーシャル・スキル
バーバル・コミュニケーション・スキル
ノンバーバル・コミュニケーション・スキル
アサーション・トレーニング

10章　職場の人間関係

イメージ・トレーニング／た時とそれが否認された時の対処の方法等を脚本づくりのように考えてみることはイメージ・トレーニングとして効果的であろう。

職場のメンタルヘルス
——ストレス・マネジメントの重要性

■職業人のストレス

　10代後半から20代に就職し，50代の終わり頃に定年を迎えるのが長い間の勤労者の一般的な姿であった。しかし現代は平均寿命の延長とともに，60代を過ぎても第二，第三の職場を求めて働く熟年・老年者が増えている。一方では急激な技術革新や長引く不況による壮・熟年層のリストラも多い。また近年の職場には，機械化，自動化，合理化，分業化，情報化等の波が押し寄せ，これらの変化に機敏に対応できない人を不適応に陥らせたり窓際に追いやることも多々ある。また終身雇用，年功序列制から能力主義への急激な転換，仕事中心の中高年層と個人生活に重点を置く若年層との職業観の世代間較差，転勤・海外出張・単身赴任の問題等，職業人に加わるストレスはさまざまに存在する。以上のような産業ストレスの増加の他にも，職場内の人間関係や顧客との問題，配置転換や昇進，仕事の失敗等も勤労者にストレスとなって押し寄せる。

ストレス(stress)　　では そもそもストレス(stress)とは何か。それは物理的環境，あるいは人間関係等の圧力によって生じる情緒的な緊張または心理的な負担のことである。ストレスの原因になるものやできごとをストレッサー(stressor)

ストレッサー(stressor)　という。ストレスの程度はストレッサーの質や持続時間，また受ける側のストレス耐性(stress tolerance)の度合い等によって変わってくる。そうし

ストレス耐性(stress tolerance)　た事情も考慮せねばならないが，一般的なストレス指数として，夏目らが勤労者を対象に行った調査結果を示す(表1)。

　これを見ると，配偶者の死，離婚，自分のけがや病気等の日常生活に襲いかかる大変化は予想通り高得点だが，会社の倒産や転勤等，職場や仕事に関するものが，上位10項目中7つも入っている。とくに30代，40代の働き盛りでより得点が高い。また，所属する会社の安定度，単身赴任や配置転換等の人事異動，仕事上のミスや人間関係のトラブル等が指数として高く，働く人々の職場でのストレスがいかに多様かつ大きいかが示されてい

表1　ストレス指数

順位	項　　目	点数	性別		年齢別			
			男	女	20代	30代	40代	50代
1	配偶者の死	82	82	83	85	84	81	78
2	会社の倒産	77	79	68	72	78	79	75
3	離婚	70	70	73	74	72	70	60
4	会社を変わる	65	66	59	60	67	66	65
5	転職	64	64	60	59	66	65	60
6	左遷	62	62	59	59	64	62	59
7	会社の建て直し	62	64	51	54	62	66	60
8	自分のけがや病気	61	60	62	61	61	60	61
9	会社が吸収合併される	61	63	48	51	60	65	61
10	単身赴任	60	60	56	59	60	61	57
11	仕事上のミス	60	60	60	58	58	61	62
12	多忙による心身の疲労	60	59	60	61	59	61	56
13	家族の健康や行動の大きな変化	59	59	59	60	61	59	56
14	収入の減少	59	59	59	60	61	57	58
15	人事異動	59	59	55	58	59	60	56
16	配置転換	57	58	53	54	59	58	54
17	労働条件の大きな変化	56	56	55	55	59	56	51
18	300万円以上の大きな借金	56	55	63	68	57	53	53
19	法律的トラブル	54	54	51	53	54	55	51
20	友人の死	53	51	66	71	54	49	48
21	抜擢に伴う配置転換	53	54	50	51	55	55	50
22	上司とのトラブル	51	52	46	46	53	52	48
23	職場の同僚との人間関係	51	50	53	54	53	49	48
24	結婚	50	50	50	50	50	50	50
25	新しい家族が増える	50	50	45	52	52	50	46
26	息子や娘が家を離れる	50	50	39	52	50	51	48
27	定年退職	50	51	43	44	49	53	52
28	性的問題・障害	47	47	46	51	47	46	47
29	夫婦げんか	47	47	47	49	48	46	44
30	300万円以下の借金	47	45	53	59	47	42	45
31	引っ越し	46	47	39	44	47	47	46
32	睡眠パターンの変化	45	44	49	53	45	44	42
33	自分の仕事に予算がつかない	45	46	42	43	48	45	42
34	同僚とのトラブル	44	43	45	46	45	43	40

			性　別		年齢別			
順位	項　　目	点数	男	女	20代	30代	40代	50代
35	住宅ローン	44	43	51	56	46	41	38
36	仕事に打ち込む	44	45	39	42	45	44	42
37	子供の受験勉強	44	44	46	45	45	45	40
38	妊娠(本人，家族，配偶者)	43	42	47	48	45	41	42
39	顧客との人間関係	43	44	41	42	43	44	44
40	課(部・係)員が減る	43	44	39	41	44	45	41
41	部下とのトラブル	42	43	36	37	44	42	49
42	技術革新の推進	42	43	35	34	43	44	44
43	団らんする家族メンバーの変化	41	41	41	40	42	41	40
44	自分の昇進・昇格による	41	42	35	37	42	42	39
45	同僚の昇進・昇格による	41	41	37	38	43	41	39
46	住宅環境の大きな変化	41	41	40	40	43	43	41
47	社会活動における大きな変化	40	40	39	41	41	39	39
48	職場のOA化	40	40	40	35	40	41	42
49	自分の仕事に予算がつく	40	41	35	40	39	42	38
50	軽度の法律違反	39	39	39	38	40	38	38
51	妻(夫)が仕事を辞める	39	36	57	50	38	36	37
52	職場関係者に仕事の予算がつかない	39	40	36	37	39	40	40
53	目立った行動	38	38	39	38	39	38	36
54	妻(夫)が仕事を始める	38	38	36	38	41	37	35
55	子供が新しい学校へ変わる	38	38	39	38	38	38	36
56	長期休暇	36	36	33	34	32	38	39
57	職場関係者に仕事の予算がつく	36	37	32	34	35	37	36
58	食生活における変化	35	35	34	38	34	36	35
59	自己の習慣の変化	35	34	41	43	35	33	33
60	課(部・係)員が増える	35	36	33	40	35	34	35
61	レクリエーションの減少	33	33	31	35	35	32	31
62	レクリエーションの増加	26	26	26	29	25	25	26
63	収入の増加	25	26	20	22	26	26	27
	現在の私のストレスは	53	53	52	51	50	56	49
	私の耐えられるストレスの限界は	76	76	72	74	78	76	74
	人数分布	1005	905	150	138	309	456	130

(夏目誠他，1988より)

る。

職場不適応

■**職場不適応**

　表1のストレス指数からもわかるように，職場でのストレスはどんな人にもあるが，これが過重となり，個人の適応力が耐えきれなくなると，さまざまな不適応症状が生起してくる。これを職場不適応（症）という。これには精神病や身体障害に起因する二次的な職場不適応も含める広義の概念をとる研究者もいるが，通常はストレッサーに対して個人の性格や価値観がうまく適合できず，部分的うつ状態や出勤への不安，恐怖感等の症状に限定することが多い。その場合，具体的には出社拒否・出社恐怖症，部分的うつ症状（昇進うつ病も含む），サラリーマン無気力症等がこれに入る。近年職場不適応は増加の傾向にあり，職場内関係者への治療的助言や，それに基づく職場側の配慮等が必要になる場合が多い。

ストレス・マネジメント

■**ストレス・マネジメント**

　人生にはさまざまなできごとが起こり，何人もストレスと無縁に生きることはできない。避けることができないものならば，平素よりストレスの本質を知り，それに打ち勝つ手段を習得することが大切で，その発想から生まれたものの1つがストレス・マネジメントである。

　ストレス・マネジメントは基本的には次の3要素から成り立つ。すなわち，①ストレッサー（社会心理的ストレス源）への気づき，②ストレス事態での生体反応（ストレス反応）への気づき，③ストレス反応を抑える技法の習得，である。これは大人にも子どもにも，また職場でも他の生活場面においても有効な健康教育プログラムといえる。

健康教育プログラム

　たとえば職場で配置転換というライフ・イベントが起こるとする。これはそれまでの仕事や人間関係が一変し，生活の流れも変化するという事態を意味し，誰にとっても多かれ少なかれストレッサーとなる。そこでそのようなことをあらかじめしっかり気づき，とくに緊張や混乱や不安等の気分・感情の変化が起こる可能性があることをあらかじめ予測しておくことが第1ステップである。次いで第2ステップは自分自身の身体や気分，表情等がどのように反応しているのか，自己のストレス反応の実際を把握して気づくことである。そしてその上でそれに対する対処法，たとえば自律

訓練や筋弛緩によるリラクセーション訓練，音楽による心の癒し，ソーシャル・スキルトレーニング等の認知行動療法の実践，ウォーキングやエアロビクス等の運動の活用等，多彩な対処法を習得することである。このようなストレス・マネジメントプログラムを充実させることは，ストレスを乗り越え，より健全な労働と人間関係を実現させる上に効果的で，職場のメンタルヘルスを考える上にきわめて意義深い。

<small>メンタルヘルス</small>

保健・医療・福祉機関の人間関係
——専門職者がチームを作る中で

　職場の人間関係に関して，どの領野にも共通する集団原理，コミュニケーション，ストレス等について概観したが，職場の中でも保健・医療・福祉機関というある特有の使命と目標を有する職場における人間関係について，もう少し詳しく眺めてみよう。

■職場の特性

　保健・医療・福祉機関は，営利を目的とせず，公共サービス的な性格と専門職が中心機能を果たすという特性を有する。これらの機関には，①サービスの対象の特異性と，②サービスの提供側の特異性とがある。

　まず，医療や福祉は社会的意義が大きいのみならず，心身の健康が障害されたり，生活そのものが困難になった人々に，専門職のチームワークによる高度で良質なサービスを提供する責任をもつ。サービスの受け手は，物や機械ではなく，感情や情緒をもった生きた人間であり，しかも健康の障害や心身の機能の衰えをもち，その人の存在自体が脅かされている生物体なのである。この対象の特異性は，モノを対象とする多くの職場とは基本的に大きく異なるものである。

　また，良質で高度なサービスを提供するには，高い技術や性能のよい機器等が大きな力を発揮するが，最終的には保健・医療・福祉の従事者の人間性そのものが大きな意味をもつ。しかも，それはしばしば一個人ではなく，複数の機能や部門にまたがる人間関係に負うところが大きい。この人間関係のありようが，質の高いサービスを提供できるか否かという保健・医療・福祉機関の本質的な機能の鍵を握るといっても言い過ぎではない。

このような特異性をもつ職場であることの認識がまず必要である。

専門性

■従事者の専門性とチーム・ビルディング

　保健・医療・福祉機関の従事者の多くは専門性を有する。現在この領野には国家資格を始めとして，協会認定資格，民間資格を入れると40余もある（表2）。2014（平成26）年の資料によると，全国に医師31万1205人，歯科医師10万3972人，看護師108万6779人を数える。また社会福祉士，臨床検査技師，診療放射線技師，理学療法士，作業療法士，歯科衛生士，歯科技工士等は国家資格として法制化されてからすでに一定の歴史をもち，それぞれ数万人の人口を擁している。その他，最近国家資格化されたものとして，言語聴覚士や精神保健福祉士等も総数は決して多くないものの，それぞれ医療や福祉の現場において独自の専門性や職域を構成してい

表2　医療・福祉に関する有資格職種

国家資格
　　医師・歯科医師・看護師・助産師・保健師
　　薬剤師・理学療法士・作業療法士
　　管理栄養士・歯科衛生士・歯科技工士・臨床検査技師
　　診療放射線技師・視能訓練士・臨床工学技士
　　救急救命士・柔道整復師・あん摩マッサージ指圧師
　　はり師・きゅう師・義肢装具士・言語聴覚士

　　ケアマネジャー（介護支援専門員）
　　介護福祉士・精神保健福祉士
　　社会福祉士・児童福祉司・社会福祉主事
　　理容師・美容師・保育士

都道府県知事による免許
　　准看護師・調理師

協会認定資格
　　音楽療法士・救急法救急員・細胞検査士
　　臨床工学技士・カイロドクター・歯科助手
　　臨床心理士・カウンセラー
　　福祉住環境コーディネーター
　　福祉用具プランナー

民間資格
　　医療事務管理士・医療事務技能審査
　　医療秘書技能検定・医療保険士
　　診療報酬請求事務能力検定

る。このように多くの専門職者が現在はかかわっており，その連携は不可欠なものである。

　もっとも，長い間この領域，とくに医療現場では，医者を頂点とする機能集団が構成され，それによって医療が行われてきた。それが今は，ケアやサービスの受け手の患者を主体とし，患者と家族の満足度を高めるために，それぞれの専門職者が主体的にかかわるというチーム・ビルディングが求められているのである。つまり患者にかかわる職種の人々は各自，専門職としてのアイデンティティをもち，それぞれが柱となってチームを構成するわけである。このチーム・ビルディングが上手く作動するとき，職場の機能は有効に発揮され，職場環境は働きがいのあるものとなる。

チーム・ビルディング

■保健・医療・福祉チームのリーダーシップとマネジメント機能

　チームは一般的にチーム・メンバーによって構成されるが，チームにはリーダーが必要である。つまりチーム・リーダーは各メンバーの役割や目標を定めたり，チーム目標達成のために調整したり，促進させる役割をもつ。

チーム・リーダー

　保健・医療・福祉領域のチームにおいては，医師がリーダーとなることが多いが，心理的側面や社会的な側面についても重要な問題をもつことがあり，必ずしも医師がリーダーになる必要はない。とくに社会福祉やリハビリテーション中心の領域では，それぞれの専門職がリーダーとなることもあろう。このようにチーム・リーダーにはより良質の援助を実現できるようにチームを統合，指揮できるような職種の適任者を選ぶことが大切である。しかし，いずれの職種であろうとも，しっかりしたリーダーシップを発揮することが，ケア・チームの実現には不可欠である。

チーム・マネージャー

　チームにはリーダーシップをとる役割の他にチーム・マネージャー的な存在も必要である。たとえば患者のニーズを満たすような専門職を選択する（仲介役），患者の必要としている専門職を紹介したり，要点を説明する（連絡役），それぞれの専門職のサービスを患者の立場に立って調整する（調整役）等の役割があり，これらを担う場合，看護師が最も適切なことが多い。何故なら24時間患者の傍らにいることの多い看護師は情報をより多くもっており，全体の進行状況を把握しやすく，チームのリーダーにもなり得るが，それ以上にマネージャー的役割を担う場合が多々ある。

またその他，専門職間のネットワークの形成や患者の立場に立って権利の擁護をしたり，専門職がその力量を高めるための知識や情報を与える技術援助とコンサルテーションを行う等のチームのマネジメント機能も大切で，それに最も適切なメンバーがその役割を遂行することが望まれる。

このようにチームの役割はリーダーの力にのみ依存するのではなく，メンバーの各人が必要な役割を部分的に担ったり，重複して受け持ったりしながら，弾力的に，柔軟に，チームの業務を進めていくことが望まれる。

チーム・メンバーのメンタルヘルス
——とくに看護師の場合

メンタルヘルス

保健・医療・福祉の現場，とくに医療チームにおいては，看護師の役割はきわめて大きい。しかもその業務は重く，看護師のメンタルヘルスには深く留意すべきである。

まず看護師の行う行為は保健師助産師看護師法によって決められているので，業務範囲を理解しておかねばならない。ただ看護師の業務は，医師の指示を受けながら行う業務と，看護師独自の判断と根拠をもって行う業務があり，両者は本来明確に区別されているはずであるが，実際の臨床場面では必ずしも明確にできないところがある。それが医師や他の職種との間のさまざまな理解の相違となることもある。

また，看護師のストレスは医師との関係が原因になることも多い。医師が必要以上にリーダーシップを発揮したり，頭ごなしに一方的な指示をする場合は今もしばしばある。チームとしてのよりよい構造と機能を平素より地道に培う必要がある。

また患者の一番身近かな存在なので，チーム内の専門職者に対して患者の希望を代弁して伝えたり，反対に専門職者のケアを患者にわかりやすく説明する役割等も求められる。日常的な患者-看護師の関係が良好でないと，そのようなコーディネーター的役割は行いにくいので，平素の看護を通して患者との信頼を基盤とした人間関係をしっかり築いておかねばならない。

看護チーム内には師長や主任から，経験の長いベテランの看護師，中間的看護師，新人看護師まで，タテの関係性がある。また時間的に交代で患

者を看護する場合はヨコの関係も出てくる。このようなタテヨコの関係に気を配らねばならない。また受け持ち患者制をとる場合は，チームワークの状況によっては受け持ちの看護師が過度に負担感を感じたり，孤立感を感じたりもする。このように看護チーム内での人間関係は看護師のストレスを高め，それが高ずるとバーンアウト症状（燃えつき症状）を呈することもある。

 バーンアウトの症状とは，①情緒的消耗感，②消極的な人間観，③後ろ向きの固執的態度，④行動異常（怒り，沈黙，不可解な行動），⑤個人的達成感の後退等が見られ，心理的身体的にさまざまな問題を呈する。

 このように看護師の職場における日常はかなり緊張と疲労といらだちや不全感があり，そこでよりよいメンタルヘルスを維持することはなかなか大変である。できる限り情報を共有し合い，仲間同士で悩みを聴き合うピアサポートや，チームの内外のコンサルタントによるコンサルテーションを行うこと，また自由な時間に，趣味や特技を生かした個人的活動プログラムで心身をリフレッシュさせること等を通して，職場の人間関係の機能性と情緒性をより健全な方向にもっていくことが望まれる。

バーンアウト症状

ピアサポート
コンサルテーション

●引用・参考文献

1) 斉藤勇：人間関係の心理学，誠信書房，2000．
2) 安藤延男編：人間関係入門，ナカニシヤ出版，1988．
3) 杉野欽吾他：人間関係を学ぶ心理学，福村出版，2000．
4) 蓮見将敏，小山望編著：人間関係の心理学，福村出版，2000．
5) 塚野州一編著：生涯発達心理学，北大路書房，2000．
6) 三隅二不二：新しいリーダーシップ，集団指導の行動科学，ダイヤモンド社，1966．
7) 夏目誠他：勤労者におけるストレス評価法（第一報）『産業医学30』，266-279，1988．
8) 藤本修，藤井久和編：メンタルヘルス入門，創元社，2002．
9) 山田冨美雄監修：医療の行動科学Ⅱ，北大路書房，2002．
10) 岡堂哲雄編：人間関係論入門，金子書房，2000．

第Ⅲ部
対人援助における人間関係

11章 病者と援助専門職者の人間関係
──看護領域を中心にして

病者とは誰か
──正常・異常にとらわれることなく

病者
病気

病者とは病気の人のこと。では病気とは何か。広辞苑[1]によれば，病気とは「生物の全身または一部分に生理状態の異常を示し，正常の機能を営めず，また諸種の苦痛を訴える現象」とある。なかなか上手な表現だが，ここで注意せねばならないのは，正常と異常ということについての考え方である。

正常
異常

正常とか異常というのは，ある一定の条件の下にある集団の中での統計的平均値を基準として判断を下すもので，大多数が示す範囲を正常，それをはずれる少数派を異常とみなすのである。たとえば日常生活においても，大方の趨勢からはずれると，異常気象，異常株価，異常な現象等としばしば用いられる。ものごとの判断の１つの尺度や目安として，便利で効果的な表現なのであろう。

そのため人間の健康を考える際にもきわめて単純に，正常＝健康，異常＝不健康という公式を当てはめてしまいがちである。しかし大多数の者，すなわち正常な人々の示す状態が健康で，少数の者，すなわち異常の者は不健康なのか，というと決して簡単には言い切れないのである。たとえば小学生のめがね着用を例にとると，ある時代には大多数が着用しておらず，それが正常でかつ眼科的に健康，ごく少数の着用者は不健康となる。ところが時代や諸条件が変化し，多数派が着用するようになれば，今度はめがね着用者が健康ということになってしまう。

このように，正常・異常，健康・不健康という概念は，簡単に線引きできるものではない。したがって少数派（異常）を直ちに不健康，そして病気と決めつけてはならない。そのことをまず認識すべきである。

一方，正常・異常の論議とは別に，広辞苑の「病気」の定義にもあるように，人が諸種の苦痛を感じ，それを訴え，苦痛の除去や癒しを求める時，援助を専門とする職業人はその人を病者として遇し，ケアや治療をほどこすべきである。

そのように考えると，古典的だがWHO（世界保健機構）の「健康」についての考え方は正しい。つまり，健康というのは，身体的にも，精神的にも，社会的にも，（現在は"スピリチュアルにも"という用語が加えられている）よい状態（a state of well-being）にあることで，ただ単に病気や虚弱でないということだけではないのである。

よい状態
(a state of well-being)

人が自分の人生をよりよいものになるようにとめざすことは，きわめて人間的で価値のある姿勢である。正常・異常にとらわれず，健康・不健康の線引きにこだわらず，1人ひとりの"well-being"の実現を病者と援助者がともに目標とすることこそが意義深い。

病者の心を理解すること
——人間らしさを失わぬために

ヒューマニスティック心理学

ヒューマニスティック心理学の立場から人間のあり方を考えたアメリカの心理学者マズロー（Maslow, A. M.）は，人間のあるべき姿を「創造的人間」として位置づけた。人間は主体的な意思をもち，自己実現を求め，価値を追求する存在であるというのである。そして自己実現を最上位に置く「欲求の階層」理論を提出した（図1）。マズローによれば，下位の欲求（生理的欲求，安全の欲求，愛情・所属性の欲求，自尊の欲求）が順次充足されてこそ，自己実現の欲求が発現可能になるのである[2]。

「欲求の階層」理論

図1　欲求の階層(Maslow, 1954より)

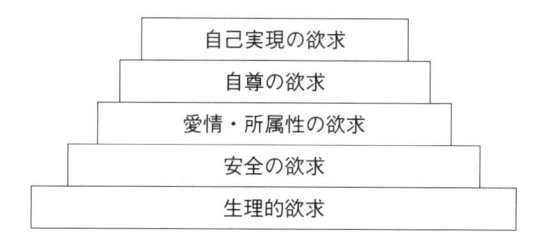

| 自己実現の欲求 |
| 自尊の欲求 |
| 愛情・所属性の欲求 |
| 安全の欲求 |
| 生理的欲求 |

マズローの欲求理論を病者に適用してみると、いかにさまざまな欲求の充足が阻害されているのかがよくわかる。欲求充足が危うくなればなるほど、人間らしく生きるための自己実現が危機に瀕する。病者の心のありようをマズローの欲求理論に当てはめて考えてみよう。

生理的欲求

■「生理的欲求」の阻害からくる苦しみ

　病者は疾病からくる肉体的苦痛や運動機能の制限・障害があり、人間としての基本的な生理的欲求の充足が危うくなることが多い。食べること、寝ること、尿や便を出すこと等が欲求どおりにならず、時には全く意に反するものとなる。それは健常時には想像もできない不快や苦痛である。

　自己の生理的欲求の充足が直接的に不足し欠乏するためにひき起こされる苦しみは大きいが、さらなる心理的な打撃は、病気になる前には自分のことは自分で決め、自分の考えで行ってきた日常の営みが許されなくなることである。ことに入院患者は、起床・就寝時間から食事や面会の時間まで他者にコントロールされ、しかもプライバシーも保証されにくく、日常の基本的欲求さえもままならない。

　「衣食足りて礼節を知る」という格言とも通じるものがあるが、マズローの欲求階層の最底辺に位置する生理的欲求の充足の阻害は、病者の自己実現を危うくしたり、礼節にかなった人間らしい生き方を喪失する怖れを意味する。それが病者の心理の基底部にあることを忘れてはならない。

安全の欲求

■「安全の欲求」の阻害からくる不安

　病気になると今までとはちがう日々を生きることになる。学校や仕事に行くことも、散歩や楽しむための外出もままならず、ベッドに伏さねばならない。入院患者であればなじみの全くない部屋で寝起きをし、画一化された環境の中で専門職者の管理下に身を横たえることになる。ことに重症になると面会謝絶となり、医療機器に囲まれた無機質の部屋の中で孤独に過ごさねばならない。そのような時、病者は心が安まらず、世界から隔絶されている不安を感じたり、一種の拘禁状態になりやすい。また見当識喪失や被害意識、時には幻覚や妄想等の異常な世界を体験することすらあり、心は不穏状態になっても不思議はない。

　さらに多くの病者はいつ襲ってくるかわからない苦痛や、このまま治ら

ないのではないかという不安や，時には死さえも垣間見え，恐怖に心をおののかせることもある。健康な時にはとりたてて確認をせずとも安心しておられた足元の大地が，大きくゆるぎ心騒がせる中で，精神が安定し，安全でありたい欲求は多かれ少なかれ阻害される。安全の欲求が充足されぬ不安は病者の心理状態に大きな影響を与える。

愛情・所属性の欲求

■「愛情・所属性の欲求」の阻害からくる悲しみ

　病者，ことに入院をして日常生活から隔たったところで生きる患者は，愛と依存の対象である家族や恋人や仲間等，親しき人々の愛情を失うのではないかという対象喪失の怖れを抱きがちである。たとえば家族に対しては親としての自分，夫（妻）としての自分の役割が果せなくなるのではないか，家族に負担や迷惑をかけるのではないか，家族に見捨てられるのではないか，といった複雑で深刻な心境に陥ることがある。

　また病状が長びくと仕事に復帰できず，職場での役割や地位が危うくなることや，仕事そのものを失うかもしれないという危機感も深まる。終日働くことで所属感の強かった職場が次第に遠のき，仲間に忘れられたり，不要の人間と思われているのではないかという思いは，時には自分が所属する場を失う可能性も予感させ，将来の夢や希望や計画を打ち砕くかもしれない。そこに経済的な問題も加わり，やっと手に入れた住居や住みなれた環境も喪失するかもしれないと思う時，心の影はさらに増幅する。

　親密な人々の愛情や自分が所属する場や世界をもち続けたいという欲求は，病気になることで大きくゆらめき，もっていき場のない悲しみを病者にもたらすことが多い。

自尊の欲求

■「自尊の欲求」の阻害からくる絶望

　病気になることで，人は身体的にも精神的にも社会的にも苦しみや悲しみを体験するが，自尊心が傷つくことはもっとも絶望感を高める。

　たとえば，排尿や排便の管理を他者の手に委ねざるを得ない時の病者の感情は，生理的な不快感以上に不安，羞恥心，屈辱感に色濃く占居される。寝たきりで，排泄のコントロールができず失禁してしまうため，おむつをさせられた時「もう人間としてはおしまいだ」と，つぶやいた人，まさに人間の最低限の尊厳さえ失ってしまったという心境であろう。

また治療や検査の目的があるとはいえ，屈辱的な体位をとらされたり，自分のもっとも私的な身体の部分が他人の目にさらされたり，手に触れられたり，プライバシーや秘密にしていることがあばかれたりする時，病者の自尊心は深く傷つく。自尊の欲求の阻害はもっとも絶望感を強め，病者の心理的色合いを暗く沈める。

自己実現の欲求

■「自己実現の欲求」の阻害からくる人間らしさの危うさ

　マズローの論によれば，生理，安全，愛情，所属性，自尊等の下位の欲求が充足されている状態が自己実現の欲求を実現させる前提である。そのいずれもが阻害され，危うくなる可能性を病者がもっているということは，最上位の自己実現への欲求や動機づけがそこなわれる危険性があることを意味する。すなわちその人の人間らしさが危うくなることである。

　では，病者の自己実現の欲求を回復させ，強化するために何ができるのか。まず病者に関わる人々，ことに医師や看護師等の医療人が病者の心理をよく理解すること。その上でさまざまな階層の欲求が危うくなりがちの病者を，日々の営みのなかでできる限り地道に回復していくように働きかけること。

　たとえば入院患者に関していえば，病院での1日が，その人が健康であった日々とできる限り近づけるようにすることは非常に意味深い。もちろん病院には一応決められた日課があるし，守らねばならない規則もあろう。ただ患者1人ひとりがそれぞれのライフスタイルや日常行動を入院前にもっていたことを銘記している医師や看護師なら，患者にそのことを問いかけ，許される範囲内で患者の希望に添う努力ができるにちがいない。そうすればその人は心の安らぎや自分らしさを確認することができるであろう。またよしんば病院の規則で許容されないことがあっても，人間として扱われたことへの喜びと感謝を感じるであろう。

　さまざまな欲求すべてが重要だが，ことに自尊の欲求は人間の尊厳にかかわることであり，医療人は病者の心理を理解する中核にこれを置かねばならない。どんなに技術的にすぐれた治療や看護をなそうとも，病者の自尊感情をそこなうならば，自己実現の欲求を壊滅状態にさせるかもしれない。病者の心理を理解し，人間らしさを失わぬことを念頭に置く医療が望まれる。

よりそうことと理解すること
──看護における人間関係の基礎

よりそうこと

　　　　苦痛をもち，癒しを求める病者に対する援助の基本姿勢は何か。著者は個人的体験から，まず「よりそうこと」ではないかと思う。

　　　　50年以上前になるが，著者が医学部の学生だった頃のことである。学生の臨床学習に重きを置き，早くからベッドサイド・ティーチングをとり入れた大学だったので，各臨床領域科目を3週間ずつ，グループで各教室に順次配属され，講義以外はほとんどすべての時間を病棟で，ことに1人ずつ与えられた受け持ち患者さんと過ごすというカリキュラムで学んだ。看護学生の臨地実習に似ている，と後年看護大学に勤務して実感したが，あの学生時代に各科で出会った患者さんたちのことが，不思議に生き生きとした印象をもって今でも思い出される。緊張や失敗の連続だったにもかかわらず，はじめて1人で患者さんに向き合うという体験は，二度と味わえぬほどの新鮮さがあったのであろう。

　　　　なかでも精神科の病棟に行った時のことが忘れられない。統合失調症と診断された50代の女性が著者の受け持ち患者さんだった。その人は，以前には妄想や幻覚を口にしたらしいが，著者が出会った時は強い自閉と能動性の低下で，終日窓に向かってベンチに座ったまま，時折トイレに立つ以外は一切何もせず，硬い表情で空を凝視しており，入院以来1年間余，1語も発したことがなかった。著者はレポートを書く必要もあり，不器用に身を近づけたり，話しかけたりしたが全く無反応。ベンチに一緒に座っていて，ある程度以上近づくとその時だけは険しい表情でシッシッというふうに手を振り，著者を追いやろうとした。しかし追いやられても，追いやられても，著者は患者さんと同じように窓に向かって一緒にベンチに座って過ごした。排泄以外は自分から一切自発的に動かないので，食事や入浴の時はナースが連れに来る。その時は著者も一緒に行く。時折トイレに立てば著者も行く。一緒に廊下を歩き，一緒に食べ，一緒にトイレに行き，一緒に座って空を見つめ続けた，3週間。

　　　　カルテの記載には，瀬戸内海の島に生まれ，都会に出て結婚し娘が1人いたが，統合失調症を発症，離婚後1人帰郷。今は元夫や娘との連絡も途

絶え，母亡き後は世話をする人もなく入院を希望するという，付き添ってきた遠縁の人のことばがあるのみ。

　赤ん坊，幼い女の子，少女，そして成熟した女性へと育っていくなかで，この人はどんな人生をどんな気持ちで生きてきたのであろうか。さまざまなことがあったにちがいないが，今は硬い自閉の壁の内側にすべてを閉じ込め，外の世界との生きた接触を絶ったかのごとくに見える。50数年の生涯がわずか数行で語られただけで，あとはほとんど白紙のカルテを見ながら，なんと孤独で，なんと淋しいことだろう，この人は……と。そんなことを思いながら著者はそばに座っていた。

　すると3週間の終わり近くになって，この人はふと顔を向けて「あんた，いくつ？」と尋ねた。驚きがおさまってようやく年を告げると，「あんた，結婚しとん？」（方言で"結婚しているの？"の意）と聞かれた。どぎまぎしつつ，「いいえ」と答えると，じっと考えるようにして再び沈黙。たまたまそばを通りかかったナースが，この光景を見て驚いた。さらにこの話を聞いた主治医はもっと驚いた。そして「あの患者さんが声を発した」というのは，ちょっとしたニュースになった。

　「君は精神科医に向いている。何しろ誰ひとり口を開かせられなかった患者さんに言葉を発せさせたのだから」と半分冗談を交えて先輩たちに誉めてもらった。その言葉が1つの契機ともなり，本当に精神医学の道を歩むことになったが，いま思い返すと，あのことが「よりそうこと」の意味を著者に教えてくれたように思う。技能も何もなく，ただひたすらそばに座っている学生が，空気のように静かに親しみとなじみを患者さんにもたらし，硬い自閉の壁が，ふとほどけたのかもしれない。

　後年，忙しく走りまわって診療する時に，よくこのことを思い起こした。医者でも看護者でも，たとえ現実には時間が十分とれなくても，能率よく話を聞いてそれで終わり，としないで，心の内に"できる限りよりそいたい"と思っているかどうかが，患者さんへの向き合い方に違いをもたらすと思う。医療，とくに看護においては「よりそうこと」が基本的姿勢と思うが，それは病者に対する深い理解につながる。

共感的理解
専門的理解

　病者の理解には2つの次元がある。共感的理解と専門的理解とでもいうべきか。前者は，前述の著者の学生時代の体験も不十分ながらこれに入るかもしれないが，人間らしい素朴なやさしさをもって病者の内面に共感的

に触れ合う理解の仕方である。これは看護の大地のように大切なものである。もちろん看護者は深い学問を土台とする専門的知識と技能をもつ援助者である。病気の本質を理解した上で，病者が己が人生と日々の生活のなかで病に向き合うことに，専門的で力強い理解を示すことも必要である。

　看護者は自分の患者のニードを知るために，相手の"皮膚の内側"に入らなければならない，と優れた看護理論を提出したヘンダーソンが語っているがまさに至言である。皮膚の内側に入るほど共感し，しかも病者が人間としての尊厳をもった自立をめざすための真のニードを専門的理解をもって実現していくよう援助することが，看護者と病者の人間関係の基本であろう。

援助の与え手と受け手は共同作業者
——サリヴァンの理論より

　サリヴァン(Sullivan, H. S.)は独自の人格発達理論や疾病論を提出した優れた精神医学者であるが，彼の治療論もきわめて含蓄の深いものである。そしてこれは精神科領域の治療技法というより，医療における援助者－病者の人間関係すべてに当てはまると考えられる。とくに看護領域では，サリヴァンへの献辞を著書の中であげているペプロウの理論にも生かされており，看護領域においても有意義と思われる。

対人的精神療法
（interpersonal psychotherapy）

　サリヴァンは自分の精神療法を対人的精神療法(interpersonal psychotherapy)とよび，次のように説明している[3]。

　「精神療法では，二人の人間が，そのうちの一人の生活上の問題を解決しようとして共同の冒険的事業を開始する。一人は治療者と呼ばれ，対人関係と情緒機能における専門家の役割を担う。もう一人は，患者あるいはクライエント（依頼人）と呼ばれ，生活上の一つないし多くの問題の援助を求めている。

　対話が発生し，それには言語的・非言語的やりとりの両者が含まれる。対人的治療においてこの対話は，長時間および短時間の患者の話，治療者の意見，質問および短い陳述を含む，機敏で，活発な過程である。治療者は，ときおり解釈を下す超然とした冷淡な観察者ではない。彼は自分が観察している現在進行中の過程における活動的な関与者なのである。彼は患

者を助けるために，自分の人格と特殊な技術を用いる。治療者の役割と活動は関与しながらの観察(participant observation)という術語に要約される。」

> **関与しながらの観察**
> (participant observation)

少し長い引用になったが，この文章の治療者のところに看護者を入れると，そのまま看護の基本姿勢が見えてくる。つまり重要なことは，看護においても2人の人間，看護者と患者が共同作業をするということである。

> **共同作業**

また両者の人間関係においては，言語であろうと非言語であろうと，機敏で活発なやりとりを行うプロセスこそが大切ということである。そして看護者は決して冷淡な観察者になってはならず，自分も活動の関与者であり，関与しつつ観察を行うことを忘れてはならないのである。

もちろんサリヴァンの学説は精神療法に関してである。高度に個性的な過程である精神療法は，他の医療援助領域に敷衍できないという人があるかもしれないが，著者は基本姿勢については少しも齟齬はないと考える。

> **対人的**
> (interpersonal)

ことに彼の最も多用する"対人的 interpersonal"という用語は，援助の与え手と受け手の関係すべてにつねに当てはまる。

たとえばサリヴァンは治療者に向かって次のように語っているが，これも看護者にそのまま置き換えてよい。彼は治療者の先入観や独善的な解釈を戒めてこういう。

「患者が語ろうとしていることをあなたが知っていると思い込んではいけません。活動的に対話に参加して，一つ一つ仮説を検証し，一つ一つ事実を確かめて何を語ろうとしているのかを見出すまでは，あなたは知っていないのです」と。

看護の場面でも，患者の障害の性質や過去の生活史等から，患者の現在の状況を知っていると思い込み，看護方針を決めてしまうことがあるかもしれないが，それを戒めているのである。あくまでも援助の与え手と受け手の両者は，生き生きとした対人的な関係のなかで，共同で問題を探究し，向かうべき方向を一緒に見つけ出そうと努力することが大切というサリヴァンの理論は，看護のなかでも中核になる考え方といえる。

出会いから別れまでの援助
——ペプロウの理論より

ペプロウが優れた著書『Interpersonal Relations in Nursing』(1952)[4]を世に出した背景には，前述のサリヴァンの影響が大きいことは"interpersonal"という共通用語の使用からも明らかと思われる。しかしそれと同時に，ペプロウの理論には人間発達論的視点も生かされているように考えられ興味深い。

実は著者は，エリクソンの学説に深い敬意を寄せつつ，独自の人間発達の解説を組みたてた書を著したが[5]，ペプロウの理論が，その「生涯人間発達論」と深いところで結びつくのを感じるのである。もとより著者は看護を専門としておらず，どこまでペプロウの看護理論を理解しているのか，はなはだおぼつかないが，彼女の著書のなかの2つの図を眺める時，深い共感を覚える。

看護者−患者関係のプロセス　図2は入院から退院までの看護者−患者関係のプロセスを4つの局面が重なり合いつつ展開するという考えをあらわしたものである。

図2　看護者−患者関係における重なり合った諸局面

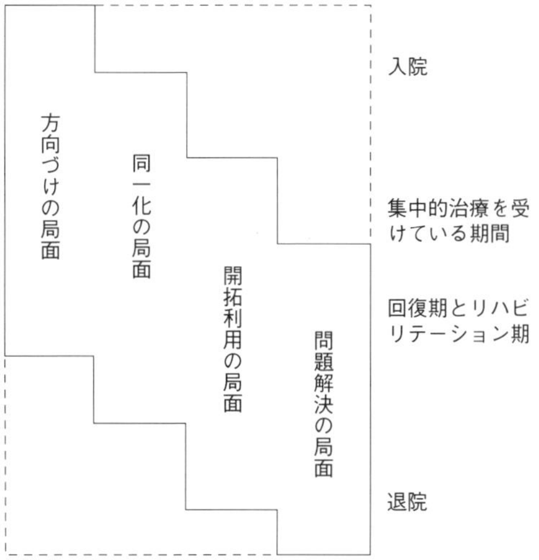

	入院
方向づけの局面	
同一化の局面	集中的治療を受けている期間
開拓利用の局面	回復期とリハビリテーション期
問題解決の局面	
	退院

(Peplau, H.E. : Interpersonal Relations in Nursing. G.P.Putnam & Sons, New York, 1952, p.21より)

|方向づけ
(orientation)| まず入院後最初にあらわれる関係性は，患者は何らかの"ニード"を感じて専門的な援助を求めており，一方の看護者は患者が自分の問題を認識し，それを理解できるように支援する。いわば"方向づけ(orientation)"の段階である。次いで患者は自分のニードに応じてくれる人間と同一化（関係づけ）をする局面に進み始める(identification)。さらに前の局面と重なり合いつつ，新たに開拓利用(exploitation)の局面が出てくる。ここでは患者は看護者との関係のなかで自分に与えられるサービスを十分に利用しようとする。そして個人的努力をなすなかで新しい目標を定め，それを達成する喜びを味わうことで，力関係の重心を次第に看護者から患者自身に移していく。そして最後に第4の局面である問題解決(resolution)へと進む。ここでは遂に患者は看護者との同一化から抜けだし，古い目標ではない，新たな目標をもって自立していく。これが退院の時である。

次いで図3はこのような入院から退院のプロセスにおける看護者－患者関係を，いわば人間発達の視点から眺めたものである。

まず入院時，看護者と患者は未知の人間同士として出会う。未知の間柄であるから，患者は礼儀をもって対応されるべきである。そして入院により患者は病院という見知らぬ世界に初めて足を踏み入れるわけで，それは未知の人間世界に誕生したばかりのみどりごのようなものである。多かれ少なかれ不安と恐怖のなかにある。その時の看護者の役割は，わが子をありのまま受け入れる無条件的な母親の役割であるべきである。やがて幼な

図3　看護者－患者関係における諸局面と役割の変遷

看護者	未知の人	無条件的な母親の代理人	カウンセラー 情報提供者 リーダーシップ 代理人＝母親，兄弟		おとな
患者	未知の人	幼児	子ども	青年	おとな
看護関係における諸問題	方向付け ------		------ 同一化 ------	------	
			開拓利用 ------	------	
	------	------	------	------	問題解決

(Peplau, H.E. : Interpersonal Relations in Nursing.　G.P.Putnam & Sons, New York, 1952, p54より)

子が子どもになるように，患者も自分自身のニードや問題について質問をしたりするようになる。その時看護者は質問に対して明確に答え，また治療法や治療計画についての情報等も適切に伝える情報提供者の役割が求められる。

　また子どもが青年になっていくように，患者も自分の問題を主体的にとらえ，考えるとき，不安や悩みに遭遇することも多い。その時にはカウンセラーの役割が求められる。また患者は看護者の態度や行動に接し，情緒的色あい(emotional tones)ともいうべきものを作り出し，それが以前の体験を再現させたりする。つまり看護者との体験のなかで，患者はさまざまな人々(親やきょうだい等)を思い起こすが，その時，看護者は代理人の役割を演じ，思い起こした人との間の類似点を認識できるよう手助けしたり，その思い起こした人との役割の違いも理解できるように援助することが大切である。この段階においては，ちょうど思春期の若者と両親の間柄のように，患者と看護者はともに依存と自立の範囲をはっきりとさせることも重要である。こうして患者は子どもから青年へ，そして大人へと発達していくように，自分の問題を主体的にとらえ，新しい目標を設定できる大人になった時，看護者も大人としてそれを認め，自立していく患者を見送るのである。

病者と家族・友人の絆
——映画『マグノリアの花たち』の悲喜こもごも

　アメリカ映画『マグノリアの花たち』(1989)は何とも芸達者な6人の女優の競演で，それだけでも見ごたえのあるものだが，映画の中心に糖尿病のテーマが置かれているのも興味深い。

　物語の舞台はアメリカ南部ルイジアナ州の小さな町。シェルビー(ジュリア・ロバーツ演)は若く美しい女性だが重い糖尿病患者。自分の病気と長い間闘ってきたが，恋をして結婚しようとしている。その母マリン(サリー・フィールド演)は南部の女性らしい良き妻，賢い母で，子どものような夫やいたずら好きの2人の息子を世話しつつ，誰よりも糖尿病の娘シェルビーの一番近くにあって愛をこめて，しかも理性的に見守っている。2人は人生の節目のできごとや行事のつど近くの美容院に行くが，そこに

は美容師のトルービィーと助手のアネル，それにたいてい常連客のクレリーとウィーザーがいる。この6人のまわりをそれぞれの家族や町の人々が囲み賑やかに暮らしているが，ストーリーはシェルビーの糖尿病の進行とともに展開していく。

　まず冒頭，シェルビーの結婚式の日から始まる。披露宴の準備でごった返す自宅を出て，マリンとシェルビーは美容院に行く。そこでシェルビーは輝くような美しさと幸せな表情で花嫁になる喜びを語るが，突然低血糖の発作に襲われる。ふるえから痙攣に至る直前でこれに気づいたマリンとトルービィーとクレリーは素早く動き，混乱して抵抗するシェルビーに無理矢理ジュースを与え，何とか発作を抑える。

　これによりシェルビーは膵臓がほとんどインシュリンを作らないインシュリン依存型（Ⅰ型）糖尿病患者で，おそらく子どもの頃発病し，以来インシュリン注射を必要とする日々を暮らしてきたことが観客にもわかる。それはまた結婚や出産の負担にも耐え得ないかもしれないほど重いものであり，現に母のマリンが披露宴で夫になったジャクソンに家族計画（子どもを生まないこと）を守るよう真剣に頼むことからも判明する。

　シェルビーのような糖尿病のみならず，心臓や腎臓等の慢性疾患を幼少期より背負う病者の多くは，何度も何度も理不尽な運命を呪い嘆き，やり場のない怒りを爆発させた後，遂に病から逃れられないことを悟り，病とともに生きる決心をする。その家族，とくに親はそれを見守りつつ，ともに時を堪える。シェルビーもマリンも一言も病気の苦情を口にしないが，娘の瞳に浮かぶ悲しみと必死に前向きにチャレンジしつつ生きようとするひたむきさ，それを痛いほどわかりつつも自制を促す母の複雑な心境は，世界中の若い慢性疾患患者の人生にしばしば登場する場面ではないかと思う。

　次の山場はシェルビーの妊娠が判明するシーン。クリスマスの賑わいに湧きかえる中で，シェルビーは母親に自分が妊娠していることを告げる。母のマリンはそれが娘の生命を危うくすることを知っているだけに愕然とし，母の忠告を無視したことへの非難もこめて娘に硬い表情を向ける。娘は母にどんなに自分が子どもを生み，家族をもちたいかを必死で話し，母の祝福をもらおうとする。その時の彼女の言葉「空っぽの長い人生より，30分の充実した人生を選ぶ」は，何とも重く深い。集まった客に妊娠を発表

するシェルビーと父親に背を向け，不安と恐れの表情を崩さない母のまわりにいつのまにか美容院仲間が集まり，皆が手を重ね合って励ましあう中で，マリンも遂に娘が子どもを生もうとするチャンスに自分も賭けようと決意する。

　やがて物語りは進み，生まれてきた息子が1歳の誕生日を迎える。輝く金髪に愛らしいしぐさの子どもを囲む家族の幸せな表情。マリンとシェルビーは美容院に出かけ，いつもの6人が集い，賑やかな話がはずむ。しかしふとしたことでシェルビーの腕に多数の痛々しい注射針の跡を見つけて驚くトルービィーと友人たちにシェルビーは率直に腎透析を受けていることを告げる。妊娠，出産によりシェルビーの腎臓は大きな負担を受け，遂に腎機能が不全状態にまで陥っていたのである。ことの重大さに息をのむ友人たちにシェルビーは明るく腎臓移植の手術を明日受けることを話し，それは母マリンから提供されるという。皆の視線を浴びるマリンの表情には，ここまで娘の病状が悪化してきたという悲しみと不安，自分の身体の一部を娘に与えてでも何とか生き延びてほしいというひたむきな決意がこめられていた。

　そしてハロウィーンの季節がきて，美容助手のアネルが結婚することになり例の仲間が集い祝う。ちょうどその頃，シェルビーは保母の仕事を終えて帰宅し，息子を抱き上げた瞬間，力尽きて崩れ，意識不明になる。

　病院の一室で器械につながれ，意識不明のまま横たわるシェルビーのそばにマリンは座り，唄を歌い，写真を見せて話しかけ，本を朗読し続ける。夫や家族は悲しみをこらえきれず外に出ているが，母だけは片時も娘から離れず，手をさすり続ける。しかし遂にどのようなことをしても何の反応も示さないシェルビーの生命維持装置をはずすことにマリンも同意し，夫が署名する。シェルビーのヴァイタル・サインはその後静かに停止する。

　シェルビーの葬儀の後，マリンはいつまでも娘の墓の前に立っている。いつもの仲間が寄り添うと，自分に言い聞かせるようにあの素晴らしい娘が生まれた時も去ってゆく時も見守った自分は何と幸せな人間だったかと語る。しかし，その後ふとしたことから理性が一挙に崩れ落ち，それまでの見事に抑制されていた姿は消え，誰かを力一杯なぐりつけたいと叫ぶ究極の怒りにマリンは身をふるわす。その怒りは最愛の娘を奪った病気そのものに，病気に浸食される危険な道を選んだ娘に，そしてそれを許した自

分に，と幾重にも重なり合ったものだったのではなかろうか。

　慢性疾患を幼若期や青年期に患っている患者も，ちょうど花咲けるその年齢にふさわしい恋愛や結婚や出産や，また仕事や趣味の活動に身を投じたいと願うことが多く，それはきわめて自然な人間らしい気持ちである。しかし病気を識っている専門家は，体力が消耗することやひいては生命を縮める危険性ゆえに，行動を制限したり禁止する。そこから本人の深い苦しみと葛藤が生まれる。それを見守る親の苦しみと葛藤も大きい。

　シェルビーは彼女の言葉のように短くとも充実した人生を生きることを選んだ。それが正しかったかどうかわからない。しかし最後のところで残された孫をブランコに乗せて遊ばせているマリンのそばに，妊娠してお腹の大きくなった美容助手のアネルが近づき，生まれてくる子どもにシェルビーという名前をつけると語るシーンがある。その時マリンの喜びの表情の中には安らぎと感謝があった。シェルビーは死んだが，彼女の息子と，新たに生まれる未来のシェルビーが生きていく。それは生命の環のようにつながり，生き生きと存続することを意味し，マリンは遂にシェルビーの選択も自分の生き方もあれでよかったと思い，感謝とともに受けいれたのにちがいない。

　若い慢性疾患患者が自分の希望や考えと専門家の意見のはざまで，どの道を選ぶべきかを決めることはなかなか難しい。しかしどんなに苦しくとも当事者の主体的な決定を大切にすべきであろう。ただ安易に決めるのではなく熟考すること。周囲，ことに親はたとえ意見が異なっても十分に胸を貸し，本人が選ぶ勇気をもつよう励ますこと。

　この映画の原題は"Steel Magnolias"である。美しいマグノリア（もくれん）の花のような女性たちが実は決断力があり，ユーモアと機知に富み，しかも勇気と希望を決して失わない鋼（はがね，steel）のような強さをもつというのである。糖尿病をもって生きるシェルビーと母マリン，それぞれに癖もあれば問題もある女友だちの面々が事あるごとに集まり，皮肉やユーモアや毒舌を交えつつ独特の絆で結ばれている姿は，鋼でできた花々であるとともに，教科書でいう「地域の連携」の生きたモデルといえるのではなかろうか。

●引用・参考文献
1) 新村出編:広辞苑(第4版),岩波書店,1991.
2) マズロー,小口忠彦訳:人間性の心理学―モチヴェーションとパーソナリティ,産能大学出版部,1970.
3) チャップマン,作田訳:サリヴァン治療技法入門,星和書店,1979.
4) ペプロウ,稲田他訳:人間関係の看護論,医学書院,1973.
5) 服部祥子:生涯人間発達論―人間への深い理解と愛情を育むために,医学書院,2000.
6) 倉戸ツギオ編著:臨床人間関係論,ナカニシヤ出版,2001.
7) 稲岡文昭:人間関係論,日本看護協会出版会,1995.

12章 高齢者と援助専門職者の人間関係
——ソーシャル・サポートとQOL向上

　ボーボワールのいう如く、われわれは早死にをするか、老いるか、これ以外に道はないのである[1]。医学が進歩し、人生80年といわれる現在、多くの人は老いの季節を迎える。

　著者は人間の誕生から死までを発達のプロセスととらえる立場に立つ。それ故、拙著『生涯人間発達論』の中でも老年期を人生の最終章と位置づけ、なお人間として発達する可能性を有すると述べている[2]。

　そこでまず、現代日本社会が急速に高齢化している現状を認識した上で、老年期の発達の意味を生涯人間発達論的視点より眺めたい。そしてその上で高齢者のニーズとそれに応える援助のあり方を通して、高齢者と援助専門職者の人間関係について考察しよう。

高齢社会の到来
——長寿とそれがもたらすもの

■高齢者人口の増加

人口ピラミッド

　人口ピラミッドはある社会の人口学的基本構造を視覚的に表したものである。図1は日本の過去・現在・未来の人口ピラミッド図であるが、1930年当時は、多産多死の典型的な「ピラミッド型」であった。それが2000年には「つりがね型」に大きく変貌した。これは出生率と死亡率の近代的低下を経験してから相当年数が経過した人口に表れる型である。さらにこれから半世紀後(2065年)を予測すると、高齢者の部分の膨らみは一層大きくなり、上部が大きい「つぼ型」へと変化すると考えられる。

ピラミッド型
つりがね型

つぼ型
高齢化

　このような人口の高齢化はすべての国や地域でほぼ例外なく進行しているが、高齢化の進行の速さと到達水準についてわが国を諸外国と比較すると、その特質がより鮮明になる。

図1　人口ピラミッドの比較：1930，2000，2065年

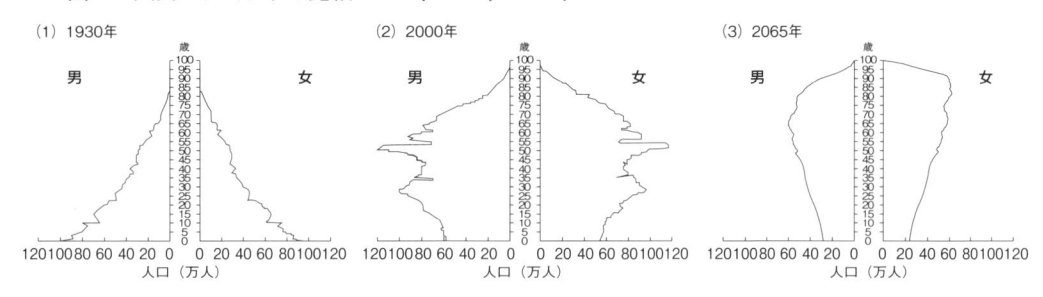

(1) 1930年　　　　(2) 2000年　　　　(3) 2065年

1950年代においては，日本の65歳以上人口の割合は5％程度であった。当時人口高齢化の先進国であった欧米諸国の10％前後の水準と比べると，それははるかに低い値といえる。ところがその後の半世紀間に，欧米諸国のより緩やかな増加に比べて日本は驚異的なスピードで進み，今や先進国中でも高水準に達し，2010年には世界で最も「超高齢社会」となった（図2）。

もっと詳しく数値で眺めると，日本の老年人口の割合が7％に達したのは1970年で，その倍の14％の水準到達は1994年。その間わずかに24年間。また10％から20％へと倍化するのが1985年から2006年と，さらに少ない21年間という速さである。それに比べるとフランスは7％から14％へ移行するのに実に115年間を要し，ノルウェーやスウェーデンは80年間以上，

図2　主要国の65歳以上人口割合：1950〜2100年

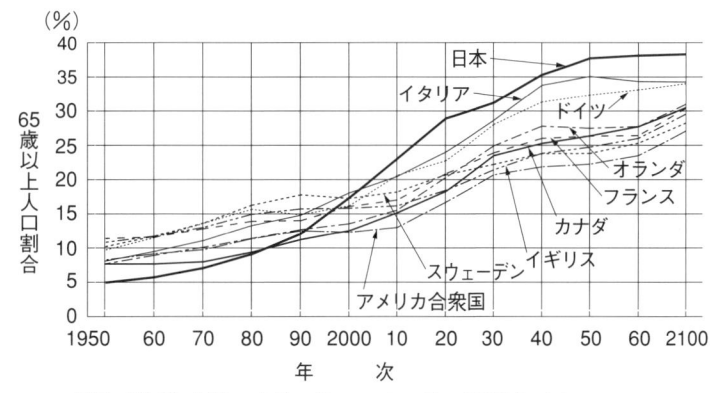

資料：UN, World Population Prospects : The 2015 Revision
日本は総務省統計局「国勢調査」および国立社会保障・人口問題研究所「日本の将来推計人口」（平成29年推計）。

表1　主要国の65歳以上人口割合別の到達年次とその倍加年数

国	65歳以上人口割合（到達年次）								倍加期間（年数）	
	7%	10%	14%	15%	20%	21%	25%	30%	7→14%	10→20%
韓国	1999	2008	2017	2019	2026	2027	2032	2039	18	18
シンガポール	1999	2013	2019	2020	2026	2028	2033	2041	20	13
中国	2002	2016	2025	2027	2034	2035	2042	2054	23	18
日本	1970	1985	1994	1996	2005	2007	2013	2025	24	20
フィンランド	1956	1973	1994	2001	2015	2016	2029	2090	38	42
ギリシャ	1953	1968	1992	1995	2013	2015	2029	2039	39	45
ブルガリア	1953	1972	1993	1995	2015	2019	2038	—	40	43
ドイツ	1932	1952	1972	1976	2008	2014	2026	2034	40	56
ルーマニア	1961	1978	2002	2004	2021	2024	2037	2054	41	43
オーストリア	1929	1945	1971	1977	2021	2024	2031	2048	42	76
ポルトガル	1950	1972	1992	1996	2014	2016	2026	2036	42	42
スペイン	1947	1974	1992	1995	2020	2022	2029	2037	45	46
ポーランド	1966	1978	2012	2014	2023	2024	2039	2048	46	45
イギリス	1929	1946	1975	1981	2027	2029	2053	—	46	81
ベルギー	1925	1946	1975	1990	2023	2025	2037	—	50	77
ロシア	1967	1979	2017	2020	2047	2051	—	—	50	68
デンマーク	1925	1957	1978	1984	2020	2024	2059	—	53	63
スイス	1931	1958	1986	1998	2023	2026	2034	2093	55	65
イタリア	1927	1964	1988	1991	2008	2012	2023	2033	61	44
カナダ	1945	1984	2010	2013	2024	2026	2038	2095	65	40
オランダ	1940	1970	2005	2009	2020	2022	2031	2090	65	50
アメリカ	1942	1972	2014	2016	2028	2032	2078	—	72	56
オーストラリア	1939	1984	2012	2015	2034	2039	2073	—	73	50
スウェーデン	1887	1948	1972	1975	2016	2023	2059	—	85	68
ノルウェー	1885	1954	1977	1982	2030	2034	2060	—	92	76
フランス	1864	1943	1979	1995	2018	2021	2035	2097	115	75

資料：UK, World Population Prospects : The 2015 Revision
日本は総務省統計局「国勢調査」および国立社会保障・人口問題研究所「日本の将来推計人口（平成29年推計）」

他の国々も日本に比べると相当長い期間を要している(表1)。

このように日本の人口高齢化は先進諸国の中でも極端に速いスピードで進んできて，しかも世界最高の水準に到達していることが明らかな事実としてある。これは多産多死から少産少死への人口動態の転換が急速に進行

したためと考えられるが，この急激な変化は多くの課題をつきつけている。とくにあまりに短期間の高齢化のため，社会保障制度をはじめとして高齢社会に向けての社会資本や制度の整備や運用が間に合わず，混乱をきたしている。

この現実を冷静に認識し，これに対応する対策を社会全体のシステムと調和させながら，迅速かつ着実に進めていくことが必要である。

■老年期の区分

老年期とはいつか。これは一般に人口統計での慣用に従い，通常65歳以上を指すことが多い。しかし，65歳以上のすべての人を一様に高齢者とよぶのは多少無理がある。平均年齢が大幅に伸び，80代，90代が決してめずらしくない時代になったからである。

そこで現代は，老年期を前期(young-old)，後期(old-old)，超高齢期(extremely-old)の3つの時期に区分する研究者もいる[3]。

老年前期(young-old)　老年前期(young-old)は労働や子育てから解放され，1人の人間として新しいライフスタイルを探求しつつ歩む，いわゆる「第二の人生」ともいうべき時期で，概ね65～80歳頃をさす。個人差はもちろんあるが，老年前期は概して特別な病をもっていない十分に活動的な高齢者の比率が高い。

老年後期(old-old)　次いでその後の80～90歳頃までを老年後期(old-old)とみなすが，この時期の高齢者が昔からのイメージにある"老人"に近い。この段階では心身の機能の衰えが特徴的になり，疾病や認知症に陥る人が増えてくる。そして

超高齢期(extremely-old)　90歳以上が超高齢期(extremely-old)とよばれるもので，近年統計的に増加している。

このように65歳以上の老年期を区分することは，おおよその状況理解に役立つ。しかし，老年期は個人差が大きく，必ずしも年齢による判断が区分内容に一致するとは限らない。65歳ですでに老いを強く感じさせる人もいれば，90代になってもかくしゃくとしている人もいる。そのことにも配慮しつつ，65歳以上の老年期は個人的特長を十分に把握しつつ対応することが重要である。

■長寿がもたらすもの

長生きすることにより，健康面でいろいろの機能低下や障害が出現して

くることは常識的にも考えられる。65歳以上の人口の約7割は何らかの疾病で通院している。

また認知症の出現も加齢とともに増加し，1990年には全国で約100万人の認知症高齢者がいるといわれたが，2012年に462万人となり，2015年には700万人にまで増加することが予想されている[4]。

一方，介護が必要な高齢者（介護保険制度における要介護または要支援の認定を受けた人）は，2014年には高齢者の17.9％に当たる約590万人となっており，2003年の約370万人から220万人以上の増加を示している。

このように，疾病や認知症をもつ高齢者は，長寿社会の到来とともに増加することは自然の理でもあり否めない。したがってそれらに対する総合的な対策が急ぎ検討されねばならない。

以上，長寿がもたらすものは「衰退」や「喪失」といった観点から生じるものばかりであった。そこで発想を一変させ，老化のプロセスを充実した「幸福な」適応とみなす「サクセスフル・エイジング」，もしくは「生産的」という概念を取り入れた「プロダクティヴ・エイジング」とする発想が研究者の中から出始めている。

　サクセスフル・エイジング

　プロダクティヴ・エイジング

たとえば高齢者のプロダクティヴな行動としては，①有償の労働（自営業や専門的職業等），②無償の労働（家事等），③ボランタリーな活動（NPOのメンバー活動，ボランティア活動等），④相互扶助的活動（老人クラブへの参加等），⑤セルフケア（自らの衣食住の世話等）があげられる[5]。

2030年頃には，日本の高齢者が人口の3分の1以上を占める日がくるとすれば，従来の「衰えた」「無力な」「さみしい」といったイメージの老年期ではなく，「生き生きとした」「希望のある」「生産的な」老年期にすることが日本の社会のあり様に大きな影響を与えると考えられる。

長寿がもたらすものを，プラスもマイナスもしっかり受け止め，大きな調和の中で対応する道を探索すべきである。

生涯人間発達論における老年期の意味
――「自我の統合」対「絶望感」の葛藤

「人間の一生涯が発達のプロセス」という考えに立脚するとき、老年期は明らかに人生の最終章であり、当然この時期固有の発達危機に遭遇する。拙著『生涯人間発達論』では、「自我の統合」対「絶望感」という明暗2つの精神的な高まりとその葛藤という図式を想定した。

多くの人は老いに到り、歩み来し道の全貌をふりかえる。そして自分の生み出したもの、為したこと、遭遇したさまざまな経験等の意味を考える。そのとき、自分自身および自分の生きてきたただ1つの人生を、いろいろ過不足や不満はあっても、諦めも含めてそれを意味あるものとして受けいれようとする。これが「自我の統合」(ego integrity) である。そして自分の人生を喜びと感謝をもってしめくくろうと意識的無意識的に準備をする。

自我の統合
(ego integrity)

絶望感(despair)

一方、老いを迎えた人々の心に多かれ少なかれ襲いかかるものに「絶望感」(despair) がある。それは人生の他の時期とは異なる特質をもつ。高齢者の絶望感は、まず死に直面しそれを回避することはできないという思いからくる。生の終焉を前にした根源的な恐怖ともいえよう。さらに高齢者は、自分の人生に後悔や悲哀を感じても、人生をもう一度やり直すにはもはや時間がないという事実に直面させられ、絶望感は一層増幅する。その上に心身機能の衰退が、自分を御用済みの無力な存在と感じさせるし、多くの親しい人との別離が孤独感と空虚感を大きくし、生きる希望を失わせて、ますます絶望の淵へと高齢者を近づける。

このように老年期には、多くの高齢者が自我の統合という輝きと、絶望という翳りのせめぎ合いという危機の中を生きる。しかし、これは決して不健康なことではない。むしろこの葛藤こそが老いの中心テーマであり、真の人間発達をめざすプロセスなのである。

すでに述べたように、急激な高齢社会の到来の中で、これからはますます多くの長寿者が老年期を生きることになるが、それを否定的にとらえず、より肯定的に意味づけることが大切である。人間関係のありようも、それに大きくかかわる。それまでの人間関係を継続、新生、再編成等さま

ざまに工夫しつつ老年期の人間発達を目指すとき，人は絶望にさらされながらも自我の統合が絶望感を凌駕し，自分の一生のまとめという成果を手にするチャンスが高まる。これは生涯発達の最終章にふさわしい成熟の極致といえる。

老いの二面性
——映画『八月の鯨』の2人の老女

　1987年制作のアメリカ映画『八月の鯨』は，老いのテーマを鮮明にとりあげている。実年齢が91歳のリリアン・ギッシュと79歳のベティ・デイビスという2大女優の競演ということでも話題になったが，2人が演じる老女の姿は，いずれもが老いの実像である。否，うがった見方をすれば，2人は別々の人間ではなく，1人の人間の二面性を象徴しているとも考えられる。

　ギッシュの演ずる妹のセーラは第2次世界大戦で夫を失い，子どももなく，1人で幼い日を過ごした家に住む老女。そこに夫の死後，娘との折り合いが悪いのか，デイビス演ずる盲目の姉リビーが身を寄せている。2人は人格も考え方もまったく違う。

　妹のセーラは40年以上も前に亡くなった夫をいまだに大切に思い，赤と白のバラをテーブルに飾り，ローソクを立て，夫の遺影に話しかけつつ，1人で「46回目の結婚記念日」を祝うような女性である。マントルピースの上に飾っている父や母の写真に話しかけ，寄寓先の女性に先立たれ居場所を失ったロシアの年老いた亡命貴族の不遇に同情し，親切に夕食へ招待する甘さとロマンチシズムをまだ十分に瑞々しくもっている老女である。

　一方，姉のリビーは白内障で失明し，妹の世話になっているが，亡くなった夫とは不仲で，娘とも睦み合うことなく離れて生きている。目の見えないことからくるいらだちも加わり，人生が与えたものに幻滅し，しかも死の影に怯えて生きている。世話をしてくれる妹に対しても意地悪さとひがみの矢を放ち，夕食に訪れた亡命貴族の誇りや感情を容赦なく傷つける。夫や娘や経済的豊かさなど，妹よりもはるかに多くのものを持ちながら，とげとげしい絶望感の中で，他人をも自分をも傷つける言葉を吐く。

セーラとリビー。2人は人生を肯定することと否定すること,「生」を大切にして今を感謝しつつ生きることと,過去に絶望ししかも明日の「死」の影に怯えること,老いの2つの心を鮮やかに示している。

　この2つの顔がもっとも対照的に見えるのは,新しい「見晴らし窓」を作るかどうかをめぐる姿勢の中にある。2人の住んでいる家はメイン州の海辺の岬の上の,眺めの素晴らしい場所に建っており,妹のセーラは,古くなったが幼い日を過ごした懐かしいこの家に窓をつけたいと言う。しかし何事にも否定的な姉のリビーは,もう年をとったのだから新しいものを作る必要はない,と妹の願いを切って棄てる。海の波や風,陽光や月光など,人生を豊かに彩ってくれたものが部屋の中から見ることができたらどんなに素敵だろうかと,優しい妹は非情な姉の言葉をため息をつきながら聞く。老いが与える苦さの中を生きる姉,どんなに短くても生きている今を大切にし明日を夢みる力をもっている妹。

　さてこの映画の題名の『八月の鯨』は何を意味するのであろうか。定かではないが,映画の最初と最後のシーンに鍵があるのかもしれない。冒頭のセピア色の追憶場面で,まだ人生の与える傷を知らない少女時代の姉妹が,仲良しの女友達の「鯨が来たわよ」という声に誘われて,白いリボンと白いドレスを風になびかせて岬の上に走って行き,「八月の鯨」を見る。北の海から南へと回遊していく鯨があらわれることは,生き生きとした生命力を感じさせるとともに,それを眺めている少女たちの若さを象徴しているように思われる。

　そして映画のラストで再び姉妹が鯨を見るために同じ岬に行くシーンがある。意地悪な姉と別れて自分と暮そうという女友達が,お節介にも不動産屋を連れてきて家の売り値を見積もらせようとしたとき,いつもは穏やかなセーラが憤然として,家を売るつもりも姉と離れるつもりもないと宣言し,追い返す。そして「私は少しも迷惑なんかしていないわ」と妹が姉に言ったとき,姉ははじめて素直に「あなたはよくしてくれるわ」と感謝の言葉を口にする。そして「見晴らし窓」を作ろうと自分から言い出す。そのときの妹の驚きと喜び。古い家,慣れ親しんだ家具や写真,よく知っている海の風や波。そして何よりも幼い日に親しんだ人(妹)がいるということが,かたくなな姉の心をあたため,癒したのであろう。

　姉がしわだらけの手を差しのべ,それをやはり老いた妹の手が温かく包

み，2人は手をとりあって岬まで歩いていく。「どう，見える？」と鯨のことを尋ねる姉に，妹は「鯨は行ってしまったわ」と答える。すると姉は，「そんなこと，わかるものですか」と否定する。そこで映画は終わる。生命の象徴のような「八月の鯨」が，また自分たちのところに回遊して来ないとは限らないと，悲観的な姉のリビーのほうがそう語るところに，老いを癒す明るさがあるように感じられた。

　結局セーラの心（自我の統合）もリビーの心（絶望感）も，ともに人間らしい老いの真実である。その2つが葛藤しつつも心が慰められ癒されるとき，光りは翳りより力強く作用し，人生の最終章において人間的な発達の歩を静かに前に進めることになるのである。

高齢者と援助専門職者の人間関係
―― 高齢者のニーズとその対応の中で

　すでに述べたように，老年期にも人間らしく生産的に生きることや人間として一層成熟し得ることは，決して空論ではない。それを推進するには，まず何よりも豊かな人間関係を充実させることが大切である。そして個々人のニーズとその対応の中で，高齢者と援助専門職者が，深い理解と共感をもって結ばれることが重要である。

■老年期の人間関係――コンボイ・モデルを用いて

　人は多くの人間関係の中で生活しているが，それはあたかも各々の人生航路において個々人を守る護衛船（convoy）のようなものである。それ故，カーンら（Kahn & Antonucci, 1980）は，同心円状の層を用いて人間関係をコンボイ・モデル（convoy model）として提示した（野口裕二による修正，図3）[5]。

コンボイ・モデル（convoy model）

役割（role）

　ここで重要な鍵概念になるものは「役割」（role）である。役割とは，自己と他者の接点において求められるもので，その人が所属したり，かかわりをもつ集団の中で占める地位や立場に対して期待される行動のことである。この役割を考慮して，コンボイ・モデルは，

　① 家族や配偶者のように，役割にあまり関係せず，長期的に安定して

図3 コンボイ・モデル(Kahn & Antonucci, 1980；野口裕二, 1993)

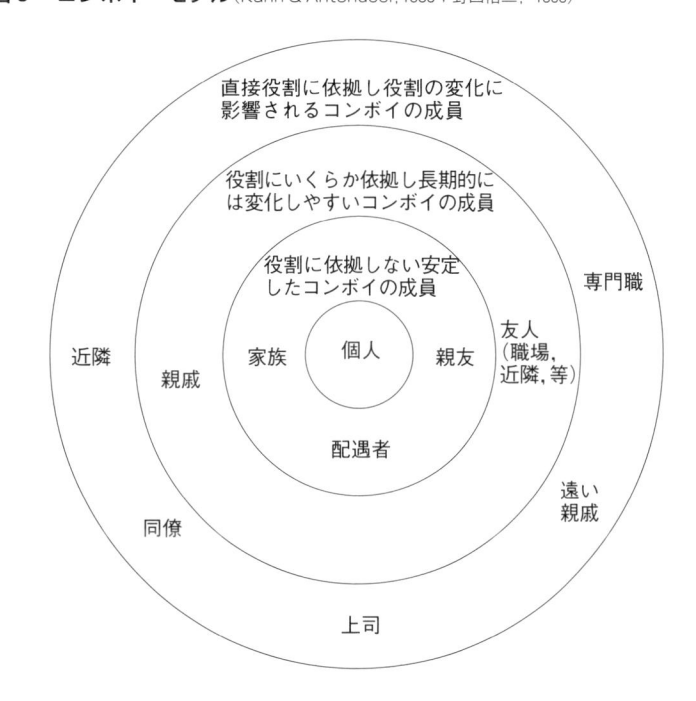

（同心円図：内側から外側へ）
- 中心：個人
- 最内円「役割に依拠しない安定したコンボイの成員」：家族、親友、配偶者
- 中円「役割にいくらか依拠し長期的には変化しやすいコンボイの成員」：親戚、友人（職場、近隣、等）
- 外円「直接役割に依拠し役割の変化に影響されるコンボイの成員」：近隣、専門職、遠い親戚、上司、同僚

　　　いる関係にあるもの
② 近隣の友人や親戚のように，ある程度役割が関与し，長期的には変化し得る関係にあるもの
③ 職場の同僚や専門職（医師）のように，直接役割にかかわり，役割の変化に大きく影響を受ける関係にあるもの

の3つが内側から外側に向けて層状に構成されている。

　では老年期の人間関係をコンボイ・モデルを用いて考えてみよう。まず，雇用者の多くは60歳頃に「定年退職」となり，職業的役割から引退する。それにより最も外側（③）の役割と直接関連する人間関係はなくなるか，消滅することが多い。一方，子どもの成長により親の役割を卒業し，同時に子どもは独立して去り，加齢とともに配偶者や旧友と死別するものも多く，最内側（①）も減少・喪失が増大する傾向が強い。

　しかし人によっては，退職後再就職して新たな職場の人間関係が生まれたり（③），それまでは少なかった近隣や親類縁者との交際が増えたり（②），同居・別居いずれにせよ独立した子どもの家族との新しいつながり（①）が芽を出したりする可能性もある。このように新しいコンボイ・モデ

ルを想定し，老年期の人間関係を豊かにすることが大切である。

　老年期は役割の喪失とそれにともなう人間関係の減少・喪失が多いが，老年期を迎えた高齢者が各々，より健康で豊かな生活を営むことを目指すことは重要な課題である。そのために，援助専門職者は何ができるのか，また高齢者と専門職者の人間関係はどのようなものであるのか，ソーシャル・サポートとQOL向上という視点から考えてみよう。

■ソーシャル・サポートにおける高齢者と専門職者の関係

　人は人生の危機や苦難に遭遇するとき，家族や友人・知人等，自分をとりまく人々からの支えがそれをのり越える上に重要な働きをすることをしばしば経験する。このような社会的・人間的な支援関係をソーシャル・サポート（social support）とよぶ。

ソーシャル・サポート（social support）

　ソーシャル・サポートは通常「手段的サポート」と「情緒的サポート」に分けられる。手段的サポートは金銭的援助や人手の提供などの具体的行動をもってするサポートで，情緒的サポートは相手に対する共感や愛情の表明など具体的行動はともなわなくても「気持ちが安らぐ」というような支援で，いずれも重要である。

手段的サポート

情緒的サポート

　また個人を中心としてサポートを提供する人々を1つのネットワークとして眺めるとき，配偶者，子ども，友人等からなる「インフォーマル・サポート」と，ホームヘルパー，看護師等の援助専門職からの「フォーマル・サポート」がある。これは従来のように高齢者を家族が扶養・援助するのか，医療・福祉の手に委ねるのかという枠組みで考えるのではなく，両者は相互に連携し，補完することが大切である。

インフォーマル・サポート

フォーマル・サポート

　ソーシャル・サポートにおける専門職者の位置は，一義的には専門的なケア・介護・治療といった高度の具体的援助活動を提供する役割を担うが，決して手段的サポートに終わるのではなく，情緒的サポートの側面も忘れてはならない。また専門職者はフォーマル・サポートの担い手であるが，サポート・ネットワークの他の成員（家族や友人等）との信頼と共感をベースにした連携が必要である。

　高齢者といっても個人差が大きい。元気で活動的な人は，生涯学習やボランティア活動，またさまざまな趣味や特技を活かしたサークルやクラブでの活動等に参加し，より自立した生活を営むことがもっとも適切であ

る。

しかし，現在わが国の死因の59.1%を占めるのが，悪性新生物・心疾患・脳血管疾患の3大疾患であることを鑑みると，高齢者にこれらの疾患が襲いかかる確率はきわめて高い。これらは急激かつ重篤な症状を呈し，元気だった高齢者の生活を一変させる。その他，種々の疾病や機能低下・不全も起こりやすく，高齢者はそうした衝撃を避けられない場合が多い。そこで高齢者にはそうした緊急時のニーズに応える専門職者によるサポートが期待される。

医療系専門職者 医療系専門職者(医師，看護師等)はそれぞれの専門機関で専門的な援助の役割を担うことは当然であるが，医療機関内にとどまらず，地域での生活とその支援という視点も忘れてはならない。たとえばがん患者のケアについても，入院と在宅の両方のケアが考えられる。それにはソーシャル・サポートとして，サポート資源(配偶者，家族，友人，知人，他のがん患者，医療関係者等)，サポーターによる情緒的サポート(面会や家庭訪問，気づかいや愛情の表現，周囲の人の病気の受け止め等)，道具的サポート(付き添い，身辺介護，訪問看護，病院の送迎，金銭的援助等)を検討し，よりきめ細やかなサポートをすること。

保健・福祉系専門職者 また，保健・福祉系の専門職者(保健師，社会福祉士等)は，疾病や認知症をもつ高齢者，寝たきり高齢者等の個々の事例のニーズに対応した援助計画を立てることが求められる。また地域内でまだそのニーズが発生していない高齢者のいる家庭のサポート・ネットワークについても相談に応じたり，情報提供を行ったりすることもこれからは必要である。たとえば緊急時には近所の人が援助し，その後に遠くの親族が引き継ぐといった連携をあらかじめ考えておくよう指導すること等。

このように，ソーシャル・サポートにおける援助専門職者の役割は，サポートの課題(援助の緊急性，援助内容の専門性の度合い，援助機関等)を適切に評価し，援助行動を行ったり，ネットワークがより適切に動くように配慮することである。またソーシャル・サポートにおける援助の受け手(高齢者)と与え手(専門職者)の関係は，個々のニーズに適切に応えると同時に，人間的な信頼と共感に満ちた連携によって結ばれたものであることが望まれる。

■QOL向上をめざす高齢者と援助専門職者の関係

QOL
(quality of life)

人間誰しも自分の人生や生活が可能な限り充実し、生き生きとしたものであることを願っている。それに関連してQOLという言葉が、医療・福祉領域を中心に用いられるようになった。「QOL」(quality of life)とは、通常「生命の質」とか「生活の質」と訳されることが多いが、そこには、①今をどれだけよく生きているか(「生命の質」)と、②よりよく生きるための条件がいかに整っているか(「(日常)生活の質」)の2つの問いかけがある。そして結局、QOLを「その人自身が感じるlife(生きること)に対する満足感」ととらえる研究者が多い。

幸福感・満足感・生きがい

QOLを構成するものはいくつもあろうが、高齢者の場合を考えると「幸福感」「満足感」そして「生きがい」がもっとも重要な要素と考えられる[6]。つまり日々の生活の中で高齢者が幸せであると感じること、高齢者が自分の生活や人生を眺め、自分の思うとおりであり満ち足りていると感じること、そしてたとえ先は短くとも現在および未来に生きている張り合いや喜びを感じること、が大切なのである。

QOLの評価
主観的次元
客観的次元

QOLの向上をめざして、高齢者と援助専門職者はより協力して歩むことが望ましいが、ここで最も問題になるのは、QOLの評価が主観的次元と客観的次元によって異なることが起こり得る点である。すなわち高齢者自身の主観的な満足度と、援助専門職者(たとえば医師、看護師)の観察や医学的検査データ等に基づく客観的な評価の間のずれや食い違いである。たとえば高血圧症の治療において、患者に降圧剤を投与して血圧低下を認めたことから、医師は「改善」と評価したのに対し、患者や家族のほうは、記憶力低下、気力減退、性的関心の減退等の付随症状が発現し、日常生活水準や心理的水準ではむしろ状態が悪化したという評価が多く、QOLの客観的評価と主観的評価に大きな差が出た、という報告もある[7]。

こうしたことから、QOLの向上というテーマは高齢者自身と専門職者が共同で、QOLの向上をめざすことが大切である。そしてそのような視点をともにもち合う人間関係が、高齢者と援助者の結びつきに生かされることが望まれる。

●引用・参考文献
1) S. ボーボワール(朝吹三吉訳):老い,人文書院,1972.
2) 服部祥子:生涯人間発達論―人間への深い理解と愛情を育むために,医学書院,2000.
3) 下中順子編:老年心理学,培風館,1999.
4) 内閣府:平成28年版 高齢社会白書,2017.
5) 野口裕二:老年期の社会関係,柴田博他編著「老年学入門」,川島書店,p.188,1993.
6) 栃木昇治,山田冨美雄編著:シニアライフをどうとらえるか,北大路書房,1999.
7) 岡堂哲雄編:人間関係論入門,p.144-145,金子書房,2000.
8) 三浦文夫編:高齢者白書(2001年度版),全国社会福祉協議会,2001.

13章 障害者と援助専門職者の人間関係
──在宅ケアを視野に入れて

　この世には2種類の人間しかいない。今障害のある人と，明日障害をもつかもしれない人と。これは誰のことばか失念したが，真実と思う。今障害があり，その障害とともに生きている人は，決して健常といわれる一般人から遠く隔たった存在ではない。何人も明日障害者になるかもしれないからである。その意味では障害はすべての人のテーマである。

　障害には知的障害，精神障害，高次精神神経機能障害（失認・失行・失語），運動障害，感覚障害等いろいろある。障害者は各々自分の障害とともに生きているが，それは固定的静止的なものではなく，障害をどのように受けいれるか，また，障害をいかに軽減・克服していくか（あるいはその可能性を探るか），日常生活をどのように営み，よりウエル・ビーイング（幸福感）を高めるか，等に目を向けつつ生きる存在である。

　本章ではまず障害とは何かという障害の概念や構造に視点を当て，ついで障害に出会う時期や発達段階の特徴を考え，教育，医療，福祉等の諸機関における援助専門職者が障害者とどのような人間関係を結ぶのかを考察する。さらに認知症や虚弱や疾病をもつ障害者，とくに高齢者の在宅ケアにおける当事者やその家族と援助者の関係についても述べる。

障害とは何か
──障害の概念と構造

■障害のとらえ方－WHOの概念より

　1980年にWHO（世界保健機構）は国際疾病分類第9回修正（ICD-9）の補助分類として，国際障害分類（ICIDH：International Classification of Impairments, Disabilities and Handicaps）を提起した。それによると障害を単一体としてとらえるのではなく，3つの異なる次元からなる重層構造と

表1　ICIDH(1980)とICF(2001)の比較

ICIDH(1980)		ICF(2001)	
障害		生活機能	障害
機能・形態障害 (Impairment)	…1次元(心身レベル)…	心身機能・構造 (Body function/ Structure)	機能障害 (Impairment)
能力障害 (Disability)	…2次元(個人レベル)…	活動 (Activity)	活動制限 (Activity Limitation)
社会的不利 (Handicap)	…3次元(社会レベル)…	参加 (Participation)	参加制約 (Participation Restriction)

図1　ICFの構成要素間の相互作用

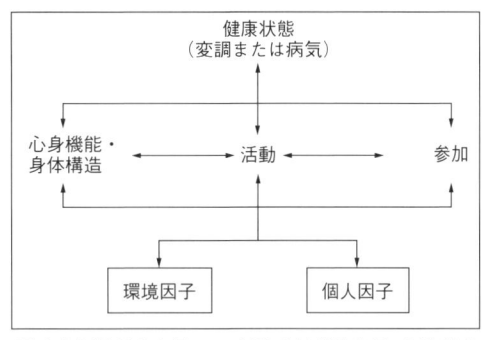

(障害者福祉研究会編：ICF国際生活機能分類—国際障害分類改定版，p.17，中央法規出版，2002)．

して位置づけようというのである．すなわち疾病による障害を1次的次元(心身レベル)では機能・形態障害，2次的次元(個人レベル)では能力障害，さらに3次的次元(社会レベル)では社会的不利と概念づけたのである．

ところが2001年，WHOはICIDHに修正を加え，ICF(International Classification of Functioning, Disability and Health)として新たな概念を提出した．ICFでも3つの次元による3層構造という概念は同じである．しかしICIDHでは，「障害」という否定的側面のみのとらえ方であったのに対し，ICFではまず「生活機能」という肯定的・包括的概念を基盤に置き，その否定的側面に「障害」があると考えている．ICIDHとICFを比較すると表1のようになる．さらに諸次元は相互に関連し合い，また環境因子や個人因子も深くかかわりをもちつつ，さまざまな健康状態(変調／疾病状態も)の様相を呈するのである(図1)．すなわちICFが提供しているのは，相互作用的で発展的な過程としての生活機能と障害の多面的・力動的な分類モデルといえよう．

このように，今回ICFにより，障害を始めから固定的，否定的にとらえるのではなく，諸次元における相互作用により，動的に変化しうるという柔軟な考え方を底流にもつ新たな概念が提出されたのである．

■ヴィゴツキーの障害観

帝政ロシア時代に生を受け，革命後のソ連時代まで生きた障害児の心理

学と教育学に大きな足跡を遺した人にヴィゴツキー(Vigotsoky, L. S.) (1896〜1934)がいる。彼は障害児と健常児の発達を研究し，両者の発達の共通性は条件反応の形成のメカニズムにあると説明し学説を展開した[1]。またヴィゴツキーの障害観を示すもののうちで最も特徴的といわれるのは，障害を1次的障害と2次的障害に区分した点である。つまり，ヴィゴツキーは器質的障害(1次的障害)とそれによって生じる身体的・心理的・社会的障害(2次的障害)は別々の次元のものと考え，前者を欠陥といい，後者とは明かに違うものと位置づけている。そして彼は前者がいかんともしがたい欠陥であったとしても，後者は教育的働きかけによって除かれる可能性をもつと考えた。

　たとえば，脳の損傷という明らかな器質的障害が起こったとしても，それによって引き起こされやすい2次的障害である言葉の遅れや運動発達面の遅れは脳損傷という1次的障害ほど確定的なものではなく，周囲のとりくみや働きかけにより，よりよい発達につとめることができる。さらにはもっと遠い問題，すなわち1次的障害と直接の因果関係にはない社会化の問題(身辺の自立ができない，遊べない)や，心理的な問題(かんしゃく，甘え，わがまま)や，身体的な問題(偏食，虚弱，虫歯，肥満，便秘)等は，障害児にどんなにしばしば見られる状態像であったとしても，1次的障害ほど避けがたき必発兆候ではない。つまり1次的障害をもった子どももその発達過程のなかで，2次的障害の形成を予防したり，軽くすることができるというのである。

　このようにヴィゴツキーはすでに20世紀の前半で障害を2つの次元に分けてとらえ，教育実践の中で生かそうとした。そのことは1次的障害が人生の早期に起こりやすい障害児たちにとっては，2次的障害もまた彼らの発達の早い時期に形成されやすいことでもあるので，早期教育の重要性を大きくするものである。

　実際ヴィゴツキーは，人は歩を進めるときしばしば誤りをおかしやすいということを知ってはいるが，できる限り正しい方向に最初の一歩を進めることが真に大切である，という意味のことを著書の中で強調している。

　ヴィゴツキーの理論は後に出てきたWHOの概念同様，障害を単一の状態ととらえず，2次元からなる構造体とみなし，早期教育に代表される教育的配慮，また家庭や社会の環境からの働きかけの重要性に目を向けてい

［欄外］
1次的障害
2次的障害

早期教育

る。

■障害者のQOL(quality of life)という視点

健常者といわれる一般人も，病者も，障害者も，人は可能な限り人生や生活が充実したものであって欲しいと願う。これを通常QOL(quality of life)とよび，「生命の質」「生活の質」「人生の質」等と訳される。

QOLの定義は学者によって多少異なるが，大きくは2つの流れがある。1つは個人を対象にして，幸福感(ウエル・ビーイング：well-being)や満足感(satisfaction)でQOLをとらえようという学派である。他の1つは個人と環境を対象にして，個人の満足感や充実感と生活しやすい環境に視点を当てQOLを考えるものである。

このようなQOLが医療現場に導入されたのは，障害者のリハビリテーション分野が最初といわれている。それ以前のリハビリテーションの目標は，日常生活動作(activity of daily living：ADL)の向上ということにあった。しかしただ単にADLの向上だけを目指すのではなく，ADLの質につながるQOLを高めることへと目標を転換した。このように近年は障害者の援助においても，QOLの良好さがきわめて重要な課題になっている。

さてQOLの評価に関してもっとも問題となるのは，「誰が，どのような視点から，どのように評価するのか」という点にある。そのことを鑑み，QOLはしばしば主観的次元と客観的次元に分けられる。このうち主観的QOLは障害者や患者本人が，①日常生活上の作業能力，②自己の感情や心理状態，③個人的，社会的な人間関係を保持する能力，④身体的な快・不快の程度等をどう知覚し，どのように受けいれているのか，という当事者自身の満足度の評価である。一方，客観的QOLは，医師や看護師等の専門職者が観察したり，医学的な検査データ等の客観的資料に基づいて障害者や患者の満足の様子を評価するものである。この2つの評価はそれぞれに意味深く重要であるが，時に両者間の差異や食い違いがでることもある。たとえば客観的QOLの評価が高く，身体的自立度も高水準にあると思われる障害者も，自己の障害を受容できず不幸感が強い時，主観的QOLは必ずしも高くはない。逆に客観的QOLが低くとも，障害の受容が良好であったり，環境が整備されることで社会的不利が軽減し，生きる喜びが大きくなる場合，主観的QOLは高くなる。このようにQOLの評価には客

観的指標のみならず，障害者自身の日常生活での快適さや，適応水準等の心理的社会的側面に関する自己評価も含めた全体的な評価が必要である。

障害をもつこと
―――さまざまな人生周期の課題の中で

成長期

■成長期（幼少期～青年期）――発達のテーマを中心に

　生物体としてもっとも幼若な時期，すなわち，妊娠中（prenatal），出産時（perinatal），出産後（postnatal）には，障害を惹起しうるさまざまな危険が潜んでいる。

　たとえば，①胎生内影響（妊娠中）としては，風疹，B型肝炎，放射線，化学的物質，栄養障害，妊娠中毒症等により，種々の器管の形成や伸展に障害を受ける可能性がある。②出産時の酸素欠乏症，仮死，機械的損傷，頭蓋内出血等は脳細胞に損傷を与えうる。その他骨盤位等の胎位，早期破水，臍帯巻絡，難産，未熟児，巨大児，過熟児等はチェックすべき項目である。③出産後障害としては，伝染性疾患，脳炎，脳脊髄膜炎等の感染，外傷，中毒，栄養障害，内分泌障害等が危険因子としてある。

　これらの危険なできごとの後（またはどのように検索しても原因になるものが判明しない場合も少なくないが），人生早期に子どもの心身に障害を見出すことは本人および親にとってきわめて重いことである。とくに親の衝撃，怒り，否認，抑うつ等はしばしば大きく，わが子の障害を受けいれることは決して容易なことではない。またわが子の病弱や発達上の問題に直面する時，対応が困難であったり，世話の負担が過重なため親が追いつめられ，混乱や不安を来たし，虐待に至ることもある。障害に対する知的理解（知性）と感情的受容（感情）を親が安定してもつことができるようになるまで，周囲の家族や知人，医療・施設関係者は，たとえ長い時間がかかろうともあたたかく見守り，共に歩くことが望ましい。

　また障害児自身についていえば，発達の課題がある。行く手の長い人生を見はるかしつつ，その人らしく発達していくことが大きなテーマである。ヴィゴツキーの障害観（148頁）で述べたように，器質的障害（1次的障害）は動かしがたいものであったとしても，2次的障害は予防や軽減が可能

である。また人生早期からのとりくみや教育は障害を負っていない部分の脳の機能を覚醒させ，活性化させ，伸ばすという可能性をもつ。障害児の親は本質的に子どもに優しいので，できる限り子どもに手をさしのべ助けてしまうことが多いが，発達の可能性を深く理解し，親子関係が否定や溺愛に偏らず，情緒的に安定した対応がなされることが求められる。療育機関の専門職者は親との信頼関係を築き，障害児1人ひとりの発達にできる限り適したプログラムを工夫することが大きな目標である。

　また，障害は人生の最早期のみの発症ではない。学童期や思春期，青年期に疾病，事故等で障害に出会うこともある。ちょうど学業が面白く，知識や技能が日に日に自分のものになるような学童期に障害をもつことは，親も衝撃が大きいだろうが本人にはさらに深刻で苦しいできごとである。あかごのように泣き叫び，意欲は低下し，有能感もこわれるかもしれない。さらに思春期・青年期であれば，性のめざめから自己のめざめへと，いよいよ自分に向き合い，自分のアイデンティティを獲得しようという時の嵐の到来であるから，その打撃は大きい。時には生きることに絶望するかもしれない。このような学童期・思春期の子どもや若者の障害の受容は，大きな試練であるが，乗り越えねばならない。親や教師や医療関係者は，本人が十分に嘆き悲しみ，怒りや抑うつをも体験することを許すことがまず第一で，その上で少しずつ障害のある自分を引き受け，自己肯定感をもって生きる道を探すよう支援することである。

　成長期に障害と出会うことは当事者が稚く若いだけに周囲の大人たちも深い悲哀感をもつかもしれないが，成長発達の潜在力がもっとも豊かに内面に息づいていることに目を向け，あせらずたゆまず目標をもって教育やとりくみをすることが望まれる。また，それを支えるものが子ども本人と周囲の人々との信頼に充ちた人間関係であることは間違いない。

成人期

■成人期——社会復帰のテーマを中心に

　人生の昼間時ともいうべき成人期にさまざまな心身障害に陥ることがある。身体障害，聴覚や視覚の障害，言語障害，精神障害等，それまでの人生を大きく変える困難に直面するわけである。職業の存続の危機，経済的困窮，社会的ステータスの喪失等の深刻な事態に陥る可能性もある。さらには家庭生活に支障を来たしたり，家族関係の危機や職場や地域の人間関

係の危機等も起こるかもしれない。今まで生きてきた日々を根こそぎ失い，人生の大転換を迫られることになる。

　この重く深刻な状況を，援助専門職者がどれだけ理解しているのかが問われる。もちろん手術や入院，施設入所等の治療や訓練が専門的にみて最も有効と思われる時は，家庭や職場の責任ある仕事をもっていることの多い成人期の人々にとってそれがどれほど大きな打撃であるかを知りつつも，専門家としての見解を告げねばならない。その際，治療を受けいれる決心のつかなさや不満，愚痴や嘆き等も含めた思いを当事者が述べる時，医師や看護師やケースワーカー等の医療人はまずしっかりそれを聴くこと。そしてできる限り丁寧に，本人はもとより家族や職場にも障害の現状や今後の見通しを専門職者として説明すること。時には経済的人的資源の有効な活用を共に考え，本人が希望をもって障害に向き合いリハビリテーションに歩を進められるよう支援すること。これらには専門職者が障害者に向き合う時の，人間としての理解と共感の深さが大いにかかわる。

社会復帰　　成人期の障害者にとっては，障害があってもその人の可能性が最大限に生かされる形で社会復帰することが大きな目標である。そのことに目を向け障害をもつ新しい自分を受けいれるまでには抑うつ気分や無気力や絶望感が多かれ少なかれ襲いかかるにちがいないが，新しいアイデンティティを確立し，その人らしく社会の中を再び歩き出すよう，心理的なサポートを忘れてはならない。

老年期

■老年期──人生のしめくくりを大切にして

　老年期は衰退と喪失の時期である。多くの人々が退職や第一線からの後退により社会的地位・役割や経済力の低下を経験するし，身体的，知的にも老化現象が起こる。それでも自立して生活できるだけの身体力と知力，また人間関係や経済力を保持している間はよいが，種々の器管の機能障害が現れ医療や福祉の支援が必要になる人，人生の終局が近づきつつあることを自覚し死への恐怖におびえつつ，しかも配偶者や親しい人との死別や別れで孤立無縁感を増強させている人，そして介護を必要とする認知症やターミナル期にある人等，老年期にめぐり合う障害は高齢者に重く苦しくおおいかぶさる。

　老年期の障害者に対しては文字通りケア（世話と癒し）がもっとも必要で

ある。つまり基本的欲求が満たされ，日常生活が無事に営まれ，疎外感や孤独感が癒され，自尊感情ができる限り保たれるような対応をめざすことである。そして1人ひとりの障害者がその人の人生のしめくくりを，その人らしいまとまりをもって閉じられるよう少しでも力を貸すこと。そのためには本人と本人を介護・世話する家族と，それを支える援助専門職者が信頼の絆を結び，より有効なサポートをすること。これはなかなかむずかしいことであるが，高齢の障害者が増加する現代，心にとめねばならないテーマである。

障害者の理解
―― 映画『レインマン』に見る障害者の内面性の魅力

　　　　障害者とともに生き，日々の生活をする家族，また教育や介護をする援助専門職者は，障害者とよりよい関係を築くために知識を得，スキルを磨くべきである。それは大切なことだが，それだけでは障害者との長いつきあいを中途で投げ出さず，ともに歩き続けるには十分ではない。何よりも大切なことは障害者を理解すること。それも障害者の持ち味や魅力を感じることが，息の長い人間関係を持続させる活力源のような気がする。

　　かつて自閉症児T君を育てた母親J子さんの乳幼児期から思春期への道のりを生涯発達論の視点から解説したことがあるが[2]，J子さんから教えられたことの1つに「子どもが見えてくると面白い」という表現があった。T君は赤ん坊の頃から言葉が遅く，無表情で，呼んでもふり向かず，自閉症特有の人間関係のとりにくさを示したが，T君と一緒にいてよくよく見ていると，彼の内に色々のものが内包していることを発見し，興味を引かれたという。このように障害者を優しく哀れみの目で眺めるのではなく，特有の個性や魅力を感じることでともに歩くことが面白くなり，ごく自然に心のうるおいが生まれ，療育のエネルギー源になったというのである。

　　後の人生の途上における障害ではなく，人生早期からの，とくに知的障害児の療育は重いものだが，児童精神医学の領域で私も障害児に出会い，その個性に心魅かれることがよくあった。また映画『レインマン』や『フォレスト・ガンプ』等の知的障害者を主人公とした作品が大ヒットしたこと

は，多くの人々がごく自然に障害者の内面の魅力を知って感動し，障害というものの理解を深めることになったのではないかと思う。とくに『レインマン』は，大がかりな装置も目を見張る活劇も派手な性もなく，相当重い自閉症者を主題にした地味な映画で，これに多くの観客が集まったのは，現代を生きる人々の心に深く迫る何かがあったからではなかろうか。

『レインマン』のストーリーは単純である。人生の大半を知的障害者として施設で過ごした自閉症の兄レイモンドと，若い時に父親と衝突をして家を飛び出し，ずる賢くこの世を生きてきた弟のチャーリーが，父親の死をきっかけにして出会う。遺産をねらう弟が相続人の兄を施設から無理矢理連れ出して旅をし，結局弟は遺産をあきらめ，兄は元の施設に帰るというのが大筋。

障害者の兄と健常者の弟の対比は鮮やかである。自閉症の兄レイモンドは，数字の記憶や計算は天才的だが，言語や行動に特異な偏りがあり，実社会を生きることがきわめて困難な人間。一方，弟のチャーリーは詐欺師も顔負けの弁舌と手腕をもち，損得に敏感で周囲と適当に合わせてやっていくことに巧みな人間。この対照的な2人が旅を続けるうちに次第に心が触れ合うというのがストーリーの真髄だが，いくつかの映画評や宣伝文は，長い間孤独な世界に閉じこもっていた自閉症者が弟に出会い，この世に触れ，次第に心を開いていき，ついに兄弟の熱い絆が結ばれるという解釈を述べていた。しかしそれは反対で，これは弟のほうが兄に心を開いていったととらえるべきと思う。

兄は最初から最後まで変わらない。彼は頑として弟の言うことやこの世のルールに合わせようとはしない。特異で頑なで，自分を変えることに強く抵抗する。一方の弟は，奇妙な兄の行動を変えて自分の思うほうへ引っ張っていこうとするが到底かなわず，振り回され悩まされる。しかしいつの間にか弟のほうが兄に引き寄せられ，魅せられていく。つまりこの映画の主題は障害者を一般社会に歩み寄らせるのではなく，健常者の側が自閉症という重い障害をもつ人間に不思議な魅力を感じ，心魅かれていく心理過程にあると考えられる。

チャーリーがレイモンドに魅せられていくのと同様の軌跡を多くの観客ももったと思うが，これはいったい何か。一言で要約するなら「心壊れし者」が「心壊れざる者」に自然に抱く羨望と敬意ではないかと思う。レイモ

ンドは本当に自分が知りたいと思うものを知り，記憶し，考える。快不快，好悪，愛着心，恐怖心など，すべて彼にしかできない感性で感じる。損得の計算とは無関係に，自分で心から意欲することを行おうとする。つまり知情意の内的活動はいずれも真に彼自身のものであり，つくりものや借りものによって壊されていない。「心壊れざる者」の純度の高さと迫力がある。

　これに比べチャーリーはどうか。顧客や恋人をうまく扱い，巧妙にこの世を生きてはいるが，実は自分本来の心をずいぶん壊し，失ってしまっている。恋人への愛も，お金や物質的豊かさへの渇望も，つきつめれば真に自分のしあわせや生きがいかどうかさえわからなくなるほど危うい。チャーリーの記憶の断片が告げる幼き日の一番大切な心の友「レインマン」が，実は兄「レイモンド」であったことを知った時の不思議な心の安らぎ，カジノで超人的な記憶力を発揮して大金を手にしても金銭に全く執着しないレイモンドへの敬意と感謝，最後に表情１つ変えないが"メインマン（親友）"と兄が自分に向かって呼びかけてくれた時の喜び等，チャーリーは健常といわれる人々の住むこの世ではなかなか味わえない，心にしみ込むような体験をする中で自分の人生を見直すのである。そして，おそらく多くの観客もチャーリーと同様に自分の心を眺め，健常者である自分が自閉症のレイモンドに比べてなんと心を壊してしまっていることかと感じたのではあるまいか。

　もちろん人は複雑な社会生活を営まねばならず，有益と思われる知識や技能や社会規範を心に入れていかねばならない。人は乳幼児期より，社会化という名のもとに，外から与えられるものと内部で失うものがせめぎ合いつつ成長せざるを得ないが，できればその失い方，壊れ方が多過ぎないようにとレイモンドを羨ましく思いつつ考えた。

　このように，心が壊されていくプロセスにもっとも強く抵抗するものの１つが自閉症である。したがって自閉症者はもっとも純度の高い「心壊れざる者」といえるかもしれない。

　『レインマン』はフィクションであり，都合よく理想化した箇所やいくつかの学問的誤謬がないわけではない。またこの映画でも，結局レイモンドは施設に帰っていき実社会を生きられないのであるから，究極では人生の敗北者だという人もある。しかしそれでもなおこの映画の主題が観客に伝

えるものは，障害児・者の内面は質の低い劣ったものとはいいきれず，むしろ健常者がとっくに失ってしまったものを失わずに脈々ともち続けていることを伝えてくれ，その魅力に心奪われる。日々の世話も療育も決して楽ではなかろうが，そうした気づきや理解をまわりの家族や援助専門職者がすることが，障害者とともに長く遠い道のりを歩く上に味わいを与えてくれ，勇気と希望の原動力になると考えられる。

障害者の生活支援
——その基本的視点

　人は誰でも日々の生活を気持ちよく快適に過ごしたいと願う。生きるということは，人生のさまざまな出来事に遭遇し，それをその人らしくとらえ，喜びや悲しみ，希望や絶望に彩られる中を歩むことである。そこに障害が起こるとどうなるか。障害とは客観的には心身機能の不全であり，生活行動能力の低下である。しかしその障害をどのようにとらえ，どのように意味づけ，どのように周囲がかかわるかにより障害者の生活の営みの質は大きく変わる。では，障害者が生活場面で良好に生きられるような支援をするにはどうすればよいのだろうか。

困難性の理解　　■障害者の生活上の困難性の理解
　障害者は心身の機能障害から生じる不自由により，生活に支障をきたしている。そのことをまず客観的データや観察によって理解することから支援は始まる。たとえば，脳血管障害による右片まひの機能障害は，検査，診断，外形からの観察によって，どんな困難があるのかを知ることができる。しかし，それだけでは不十分である。大事なことは，障害者をとりまく環境に目を向け，障害者本人がどのような生活を営みたいのかを知ることである。

自己決定権の尊重　　■障害者の自己決定権の尊重
　障害者の生活支援の原理は，利用者の主体性（自己決定権）の尊重が基本にある。ただしこの際考慮すべきは障害者，とくに認知症高齢者の中には

自己決定能力が低下していたり，十分な意志疎通ができない場合があることである。また，どのような生活支援が受けられるのかについての助言や情報の提供がないと，障害者が実質的に自己決定を行えないことも起こりうる。そしてこのような場合，時に利用者の自己決定権は背後に退いてしまい，専門職者の知見や判断が前面に出ることにもなる。

　たしかに専門職者の意見は有意義で最も適切なケアプランを見出す力を内包しているかもしれないが，生活支援の目的はあくまでも利用者の生活ニーズ（必要性）の充足にある。したがって援助専門職者は情報の提供を本人および家族に周到に行い，またケアの判断を専門職間でもカンファレンス等でよく吟味し合って伝えるなどして，できる限り本人が自己決定できるように心がけることが望まれる。

■生活の継続性の配慮と新しい生活の創造の支援

生活継続性の配慮　生活支援においては，どのような障害であってもその人の生活の継続性を配慮することを忘れてはならない。人は障害をもっても，生活のスタイルやリズムをできる限り継続させたいと願う。衣食住に始まり，日々の行動や動作に至るまで慣れ親しんだ物や姿や生き方に愛着を抱く。それをいかに継続するか，支援する専門職者は念頭に置き工夫することが大切である。

　しかし過去を懐しみ，"こんなに不自由な身体になって，なんと自分は不運な人間か。昔通りの日々に返りたい"と過去にしがみつくだけでは明日の力にならない。今，目の前にある困難性を現在の生活の意味にとらえ直し，新たな生きがいをもって新しい生活の創造をはかる必要性があることも多い。専門職者は障害者の心理を理解しつつ，未来展望を生み出す勇気と知恵を，本人や家族が育てていけるよう支援することが基本的姿勢として求められる。

新しい生活の創造

在宅ケア
——障害者と援助者の人間関係

在宅ケア

■**在宅ケアとは何か**

近年医療経済は累積赤字を蓄積しており，入院治療は短縮される方向に向かっている。手術後の早期退院や急性期の治療後や慢性期に入ったもの等は病院医療から家庭での療養へと切り換えられることも多く，生活支援はかなり幅広い領域をカバーする。その中心になるのが，「在宅ケア」サービスである。

在宅ケアは，とくに虚弱な人や障害のある人のためのケアで，保健・医療・福祉機関を通して各種サービスを行うもので，次のような機関がさまざまな事業を行っている。

①医療機関：精神科を標榜する医療機関では，外来，入院治療，往診，訪問看護が行われている。また老人デイケアを通して，認知症等の精神症状を有する人の心身機能の回復または維持をはかっている。

②保健所：精神保健相談や訪問指導，また認知症の予防についての相談窓口も設置している。

③精神保健福祉センター：保健所その他の精神保健に関係ある機関等に対する技術指導，技術援助を行い，ときには直接相談やデイケアも実施している。

④市区町村の高齢者福祉担当課および福祉事務所：要介護高齢者のための各種福祉サービスを提供している。たとえば，ⅰ)ホームヘルパー派遣事業，ⅱ)ショートステイ事業，ⅲ)デイサービス(およびナイトケア)事業，ⅳ)地域包括支援センターおよび在宅介護支援センターの保健福祉に関する相談支援業務，ⅴ)福祉用具(特殊寝台，浴槽，マットレス，歩行器等)の給付や貸与，高齢者用電話の貸与等。

またこれらの機関で相談・サービスを提供する援助専門職者としては，医師，看護師，保健師，栄養士，薬剤師，社会福祉士，精神保健福祉士，臨床心理士，作業療法士，理学療法士等がいる。

以上のような機関で専門職者はさまざまなサービスの提供を行う。ADL

を調えることによる日常生活援助，本人や家族の心配事を聴く相談，ケアの方法や安心して気持ちよく生活するための工夫を伝える教育，地域社会に理解を広げるための啓発等。その際の在宅サービスの提供者と利用者の人間関係に影響を及ぼすと考えられる因子がいくつかある。

■在宅ケアにおけるサービスの利用者と提供者の人間関係

両者の人間関係に影響を及ぼすと考えられる因子がいくつかある。

依頼者　①在宅ケアの依頼者

　誰が在宅ケアを依頼したのか。それがサービスの利用者本人であれば援助の提供者である専門職者との関係はうまくいきやすい。しかし，これが家族もしくは親戚や身寄りの人々の依頼の場合や，近所の住民の通報による公的機関の介入のケースでは，両者の関係がスムーズにいかないこともしばしば起こりうる。

同居者　②同居者の有無

　ケアの受け手が家族と同居している場合は援助専門職者は本人のみならず，家族ともよい人間関係を形成することが必要になってくる。本人と家族が同じ方向に向いているならスムーズにいくが，両者がちがうことを願っていれば，専門職者は板ばさみになり，難しい立場となる。たとえばケアを受ける本人はより強力に援助サービスを受けたいと思っており，一方の家族は甘やかさないで自立するように指導して欲しいと願うなど，両者から相反する考えを主張されるとき，難しい立場に立たされることになりかねない。

　反対にひとり暮らしの人へのサービスの場合，他に人がいないので人間関係はすっきりするかもしれない。ただうまくいかない時は，調整する人がいないのでより困難になる。また専門職者とはいえ見知らぬ人が自宅に来るのであるから，不安，不信，警戒の念を抱くかもしれない。初回面接時には身分証明書を携行し，まず安定した人間関係の一歩を踏み出すような配慮が要る。またサービスの受け手が異性の場合，専門職者との間に恋愛感情が生じることもある。または性的言動が出現する可能性もある。同居者がいればそのようなことは比較的起こりにくいが，ひとり暮らしのケースの場合は，そうした点の配慮もあらかじめ視野にいれておくほうがよい。

依存と自立の バランス	③依存と自立のバランス 　在宅ケアにおいてはサービスの提供者と利用者の関係が深まり，個人的情緒的ニュアンスも強まる。その中で障害者や高齢者は援助専門職に対し，信頼心と安心感からより依存し始め，援助者のほうもそれを心地よいと感じることが多い。しかしどんなに親しくなっても，依存心を受けとめながら自立に向けた援助をすることが目的にかなった在宅ケアである。依存と自立のバランスをどのようにとっているのかが，両者の人間関係の大切なバロメーターである。
ケアの開始と終結	④ケアの開始と終結 　在宅ケアの開始は，家族での介護が困難になった場合と，病状が安定し病院を退院してから始まる場合が多い。とくに後者において在宅ケアを病院のプライマリー援助者がする場合はこれまでの援助関係が持続するので，当事者も家族も在宅ケアを歓迎し，良い関係で再出発ができる。 　しかしほとんどのケースでは，在宅ケアの開始とともに専門職者との人間関係がスタートする。その場合，必ずしもスムーズにいかないことがある。ことに本人が在宅ケアを希望していない時は，ぎくしゃくしたり，拒否的態度を示すことも往々にしてある。援助者は急がず慌てず，まずゆっくりと相手の話したいことやして欲しいことを聞くこと。相手の世界に深入りしないように配慮し，できる限り当事者や家族が抱えている心配や問題を表現できるような雰囲気をつくること。ケアにおける関係性の開始いかんが，その後の両者の人間関係に大きく影響するからである。 　終結もまた重要な課題である。たとえば援助者が行うケアの目標が達成された後も本人や家族が，とくにひとり暮らしの人の場合は孤独感や孤立感が強いため，なお継続を延々と希望される場合があり，終結は困難になりがちである。援助者のケアの本来の目的をしっかり認識し，人間関係の適正な終わりとまとめをするか否かが両者の関係性の質に影響を与える。
家族と援助専門職者 の関係 エンパワーメント	⑤当事者の家族と援助専門職者の関係 　近年ソーシャルワークの分野で「エンパワーメント」という概念に目を向ける人が多くなった。エンパワーメントとは，人が自身の生活に関わる出来事や制度に参加し，統制力を分かち合い，影響を及ぼせるように強化していく過程のことをいう。またエンパワーメントは，人が自分や自分にとって大切な人の生活に影響を与えられるように，特定の技能や知識，そし

て十分なパワーを獲得することも意味する。前者の概念はまず障害をもつ当事者本人に活用される。本人のもつ潜在的な強さを可能な限り引き出すためのあらゆる援助技法を駆使しようというエンパワーメント・アプローチは今や大きな潮流となりつつある。

　一方，後者の考え方は日々当事者のそばにあって介護をしている家族に当てはまるものである。そこで援助専門職者は介護する家族の話をしっかり聞き，カウンセリング・マインドをもって接することを基本的姿勢としつつ，さらにエンパワーメント・プログラムを介護者（家族）とともに作り，実践することが，在宅ケア全体の人間関係にきわめて大きな影響力となりうる。

エンパワーメント・プログラム

　介護する家族への介入援助としてのエンパワーメント・プログラムには次のようなものがある。

a）介護者へのカウンセリング，認知療法，行動療法，家族療法等
b）介護者への教育的支援：たとえば医師による認知症に関する医学的教育，看護師による認知症高齢者の介護方法の指導や介護用品の紹介，栄養士による認知症高齢者の栄養相談
c）家族会等を利用した相互援助
d）ショート・ステイ（休息ケア）

　以上のようなエンパワーメント・プログラムを有効に活用し，家族の負担感を軽減し，バーン・アウトしないようにサポートすることが，在宅ケアの人間関係を底辺で支える。

　以上，在宅サービスの利用者（当事者）と提供者（専門職者）の人間関係の影響要因とそれへの対応について概観した。現実場面ではお互いがぎくしゃくしたり，行きちがいがあったりして困難な状況に遭遇するかもしれないが，援助専門職者は凛とした理性と人間らしい感性をもって人間同士の出会いとつながりを結ぶ努力をすることが何よりも大切なことである。

介護する家族の悲しみと幸せ
―― 大庭利雄の『終わりの蜜月』より

　病に倒れ不随になった妻を家庭で看護する日々を綴った大庭利雄の『終わりの蜜月』は，老年期の障害者と夫の生活が実にリアルに，しかも淡々と抑制のきいた格調の高い文体で，奥行き深く語られている作品である[3)]。
　作家の大庭みな子氏は65歳の夏，突然小脳出血で倒れ入院するが，2か月後にさらに脳梗塞を起こし，左半身不随，目は半視野で車椅子から離れられない第1級身体障害者となる。以来6年間，著者である夫は妻の衣食住すべての世話をし続け，毎日欠かすことなく克明な日記に記録を残してきた。それがこの本であるが，これを読むと，もともと理科系の研究者にして企業人であった夫は，知的思考力，計画性，分析力，判断力が抜群に高く，さらに感性の豊かさとそれを抑圧する理性力にもすぐれ，物事を整理する処理能力から文章力にユーモアのセンスまで存分にもち合わせている人であることがよくわかる。これでは並の介護人であろうはずがない。
　一方の妻は日本のトップレベルの文学者で，繊細な感性と汲めどもつきぬ言葉の貯蔵庫の持主で，意識がもうろうとしたり，幻覚めいたものになってもその表現は個性的で豊か。障害者となっても時間・空間を縦横にかけ抜けて，話し言葉も文章も，リハビリになるといって始めた短歌も香り高い文学になっている。しばしば見る夢も多彩なストーリー性に満ちており，感情は豊かで，意志力も強く，その上に自分をナコ，夫をトシとよんで楽しむあどけなさもある。障害者となった妻も並の人ではない。
　人並はずれたスケールの大きさの器に，能力やら人間性やらをたっぷりつめこんだ夫婦が，障害を真中に置いて見事に共生している姿は誰にも真似ができないかもしれないと思わせつつも，すべてが真実であるだけに，読む者ももし自分がこうなったら少しでもこんなふうに……と思う希望や具体的なヒントがこの本から得られるのではないかと思う。
　もちろん妻の病状は客観的に見ても決して軽いものではない。最初のころ介護は阿修羅のような顔つきでしたという夫は，聞こえぬようにため息を大きくついてやり切れぬ苦境を凌ぐエネルギーに変えるしかなく，行く

先のことを思いあぐねていたが,「そうだ, みな子と一緒に死ねばいいのだ」と思いつき, 不思議なほど気が楽になったという。不運を嘆いたり, 愚痴ったり, 周囲にやつあたりをして怒りを発散させたりといった行為がほとんどないだけに, 抑えに抑えた不安や恐怖や悲しみやいらだちがどんなに大きかったかと思う。

大庭夫妻の例をあげるのは彼らが聖人君子で立派だからというのではない。愛情と誠実さをもって妻を大切にする夫が, 自分を犠牲にするのではなく妻が障害をもったことで自分自身も新たな生き方を見出すという, 健康で気持ちのよい日常生活が胸を打つのである。現に著者は, こうした介護の生活に入ると, 単なる夫婦や男女の関係でなく, 完全に同体化してしまった感があるといい, このような一体感はたとえあと30年生きても互いに健康であったならば味わえない, こんな関係を味わえるならば, 天に感謝すべきなのかも……と述べる。最後の密月とよぶ著者の, 負け惜しみではなく幸せという老年期の障害者の介護日記を読みながら, 在宅介護に関するいくつものヒントを見出した。

①障害者も介護者も決してひきこもらず, 社会に身を置き続けていること。毎日のお天気から, 株や日本経済, 政治の動向, 国際ニュースから大相撲や甲子園の熱戦の様子まで, 社会の毎日の動きから目を離さず, 生き生きと今を生きる姿が素晴らしい。

②客観的に自分を見つめる力を失わないこと。日記をつけることも自分をつき放して眺めるよい方法と思う。色々な人と語り合い, 意見を聞くことも。

③多くの人々が家に出入りすること。夫と妻, それぞれの兄妹やその家族, 娘一家, 学生時代の友人, 作家仲間, 編集者等の仕事関係者, 付き添いの人, マッサージ師, PT・OT等々, まあ毎日毎日, 実に多くの人々が家に出入りをすることは驚くばかり。これも家庭での介護者へのエネルギー補強という大きなヒント。

④ユーモアのセンスがあること。夫が不随の妻を入浴させる時, ダンスのようだというくだりがある。夫の料理が上手くなったので料亭を開き2人の名前をもじって「なごり庵」「奈児利庵(みな子=奈児+利)とつけたという妻の夢の話。「私でも男が口説けるかしら」と突然妻がいい,「絶対にないとは言えないよ」と夫が答えると, これからはおしゃ

れをするという妻。哀れで切ない場面が多い中で，夫も妻もふと面白がったり笑ってみたりする賢さ。

⑤災いを感謝や幸せへと意識革命すること。これは最もむずかしいが，もしこれができれば，障害者にとっても介護者にとっても予想もしなかった人生の物語の展開になる。

すでに述べたが，夫は妻の介護を思いがけなくめぐってきたハネムーンとよび，天の配剤と感謝する。その後出版された妻の大庭みな子氏の『浦安うた日記』[4]にも，障害をもった人の悲しみとそこに愛おしいものを重ねようとする意識革命が痛いほど伝わってくる。

「うらうらと今日またひと日トシといて　幸せなりと涙ぐむわれ」

2人の意識革命は実は愛情という火種が静かに，しかし大きく燃え上がった結実である。妻と夫，1人は障害者，1人は介護者。人生の終わりにあたって，2人はまさに血肉化した結びつきを確認しつつ生きている。悲しみと幸せの中で。

この本を読んで驚きと悲しみと不安の中で障害に襲われた当事者や家族の思いを，専門職者がどれほど深く理解するか，いろいろ考えさせられた。

遠慮して名前は伏せてあるが，大学病院のＳ教授や相談をしていたＹ医師等の対応は，決して当時者の心を癒していない。医師の正直で冷静な見解は，患者の家族にとってはそれがいくら事実でもつらいし，冷静と冷酷は同義に感じられる，と述べている。わらにもすがりたいと思う気持ちを当事者がもっていることを，医療者は忘れてはならないという戒めであろう。

電球が切れても私の仕事ではありませんと断わったヘルパーのはなし，かなり前に汚したらしいおむつをしているのに，褥瘡の手当てにきたナースはおむつの交換はヘルパーの仕事といって取り替えずに帰ったという例などを紹介しながら，規則通りではあっても人間らしい心をもっていない専門職者への批判は，当事者にしかわからない不自由さとつらさからくる切実なものであるにちがいない。

反対に著者が実名をあげて神様のような善意の人と感謝している人物は，役職も何もないナースや付き添い人であった。援助専門職者はこのような生の声を聞きつつ，少しでも人間らしいあたたかさで結ばれる人間関

係をめざしたい，としみじみ思った．

●引用・参考文献
1) ヴィゴツキー著，大井清吉・菅田洋一郎監訳：障害児発達論集，ぶどう社，1982.
2) 服部祥子：精神科医の子育て論，新潮社，1991.
3) 大庭利雄：終わりの蜜月，新潮社，2002.
4) 大庭みな子：浦安うた日記，作品社，2002.
5) 岡堂哲雄編：人間関係論入門，金子書房，2000.
6) 上田敏：リハビリテーション医学の世界，三輪書店，1992.
7) 山田富美雄監修：医療の行動科学Ⅱ，北大路書房，2002.
8) 黒澤貞夫：生活支援の理論と実践，中央法規，2001.
9) 和気純子：高齢者を介護する家族，川島書店，1998.

おわりに

　私自身は人間関係が上手いのか下手なのか皆目わからない。ただ人間関係を面白いと思っているのは確かである。あったかい思いで人との関係が結ばれる時の幸いも，険悪な空気の中で相手と反目する時の苦味も，長い目で見ればいずれも味わいがある。忘れてしまいたいような争いや破綻の場面が夜中に脳裏によみがえり，暗闇の中でまんじりともせず朝を迎えることがなかったわけではないが，そうした失敗や疵も含めて，人間関係はやはり面白いと思う。

　精神科医としては細々とした道だったが，それでも半世紀以上歩いてきて思うことは，人は何と人間関係に傷つき，また人間関係によって癒されるのかということである。少なくとも人間関係にからめとられて苦しんでいる人はその分人間らしいと思う。

　人間関係の機微をこの人ほど上手に書いた作家はいないと私が思うアメリカの短編小説家O.ヘンリは，横領罪で告訴されて服役し，獄中で小説を書き始めたという。280にも及ぶ人間関係の実に多様な物語は，彼の投獄という苦い経験と，そこで出会ったある意味での人生の敗北者の生きざまなくしては生まれなかったとすれば，失敗も捨てたものではない。

　要は人間関係を豊かにするためには，まず人間とのつながりを求め，人間関係に心を向けることが大切ではないかと思う。その意味で八木重吉の詩集『秋の瞳』の序は胸を打つ。

　「私は，友が無くては，耐えられぬのです。しかし，私にはありません。この貧しい詩を，これを読んで下さる方の胸へ捧げます。そして，私を，あなたの友にしてください」

　また，人間と人間の出会いの尊さを敏感に感じとり，率直に人間につながろうとする勇気もまた人間関係への活力である。アメリカの詩人ホイットマンの詩を読んでそれを感じる。

　「見知らぬ人よ，あなたが行きずりに私に遇って，話しかけようと望む

なら，話しかけて悪いわけがどこにあろう。又私があなたに話しかけて悪いわけがどこにあろう」

ゲーテが『ヴィルヘルム・マイスター』の中で次のように言っていることも，人の心を明るくし，勇気づけてくれる。

「世界の中には山や河や都市というようなものがあるとだけ考えたのではむなしいものです。しかしここ，かしこにわれわれと響きを合わせ，黙っていてもそういう人々と一緒に生きているのだということがわかってくると，はじめてこの世界が人間の住む庭園らしくなってくるのです。」

チェコ生まれの詩人リルケは，孤独の中で，磨ぎすまされた繊細な感性をもって生きたが，人間を見つめ，未だ見知らぬ人々とも心の奥深いところでつながっていた。「重い時間」という詩の中でこう詠っている。

「誰かが今　泣いている，世界のどこかで。わけもなく泣いている，世界の中で，わたしのことを泣いている。／……誰かが今　歩いている，世界のどこかで。わけもなく歩いている，世界の中で，わたしに向って来る。／……」

以上4人の文学者のことばをあげた。それぞれがちがったかたちで自分や他者に目を向け，人間関係をその人らしく築こうとしており味わい深い。

人間関係が稀薄になり人間砂漠といわれる現代に，人間が人間らしくつながって生きることを願って人間関係論を書いた。とくに看護者をはじめとする対人援助を専門とする人々に専門職者としての人間関係のスキルを高めるために，また個人として周囲の人々と豊かな結びつきをもてるようにと，本書を書いた。出版の機会を与えてくださった医学書院の方々に心よりの感謝を申し述べたい。

人間関係について多くのことを私に教えてくれたすべての方々との出会いを，今，心から喜び感謝している。あとは本書が元気良く歩くことを祈るばかりである。

2003年　春

奈良にて　著者

註　2018年春，本書のデータ，資料を更新し，解説もそれに合わせて修正している。

人名索引

ウォルト・ホイットマン, Whitman, W. 29
ヴィゴツキー, Vigotsoky, L. S. 147
エックマン, Ekman, P., 27
エリクソン, Erikson, F. H. 35, 67
小此木啓吾 56, 59
カーンバーグ, Kernberg, O. 15
柏木恵子 33
クラウス, Klaus, M. H. 5, 32
小林登 32
齊藤勇 18
サリヴァン, Sullivan, H. S. 16, 123
ジェームズ, James. W. 12
スターン, Stern, D. 15
スピッツ, Spitz, R. 6
スポック, Spock. B. 55
ダーウィン, Darwin, C. 27
土居健郎 46, 50

夏目漱石 2, 46
ハーロー, Harlow, H. F. 28, 83
濱口惠俊 50
フロイト, Freud, S. 12, 33, 84
フロム, Fromm, E. 84
ブロス, Blos, P. 5
ペプロウ, Peplau, H. E. 125
ヘンダーソン, Henderson, V. 123
ボーボワール, Beauvoir, S. 132
ボウルビィ, Bowlby, J. 32, 84
マーラー, Mahler, M. 14
牧田清志 78
マスターソン, Masterson, J. F. 15
マズロー, Maslow, A. M. 117

マルティン・ブーバー, Buber, M. 3
ミード, Mead, G. H. 12
三隅二不二 104
メーラビアン, Mehrabian, A. 26
モンテーニュ, Montaigne, M. 87
ヤーロー, Yarrow, L. J. 34
ラム, Lamb, M. 34, 86
リップス, Lipps. T. 12, 19
リヒター, Richter, H. 56
リン, Lynn, D. B. 34
レヴィン, Lewin, K. 99
ローレンツ, Rorenz, K. 31, 83
ロジャーズ, Rogers, C. R. 13
ロバート・フルガム, Fulghum, R. 89

事項索引

ADL 158
DINKS(Double Income No Kids) 73
Einfühlung(感情移入) 19
convoy model 140
entrainment 5
helping professionals(対人援助を専門とする職種) 10
identification 126
imprinting(刻印づけ) 32
interpersonal psychotherapy(対人的精神療法) 123
interpersonal(対人的) 124

maternal deprivation(母性的養育の剥奪) 32, 84
nonverbal communication(非言語的コミュニケーション) 26
participant observation(関与しながらの観察) 124
QOL(quality of life) 144, 149
separation individuation theory(分離個体化論) 14
verbal communication(言語的コミュニケーション) 24

あ

愛情(affection) 78
愛情・所属性の欲求 119
愛着(アタッチメント)理論 32
アサーション・トレーニング 105
遊び 35, 94
新しい生活の創造 157
甘え 46, 47, 50
安全の欲求 118
家 64

育児書　55
育児ノイローゼ　82
育児不安　82
異質性(heterogeneous)　26
異質多様性　48
維持機能(maintenance機能)　104
異常　116
異性の友　37
依存と自立のバランス　160
1次的障害　148
イメージ・トレーニング　106
依頼者　159
医療系専門職者　143
インフォーマル・サポート　142
隠蔽領域　23
エディプス・コンプレックス　33
エントレインメント(entrainment)　5
エンパワーメント　160
エンパワーメント・プログラム　161
大阪レポート　82
オモテとウラ　50
親からの自立　37
親子関係　38,76
親的人間　34,89,91
親の養育態度　78

か

開拓利用(exploitation)　126
外部委譲　66
開放領域　23
過干渉型　78,79
核家族　53
拡張家族　53
学童期　35
苛酷な自然環境　48
家族　52
家族関係　52
家族と援助専門職者の関係　160
家族の機能　52
学校　89
家庭　52
家庭内暴力　60
家庭内離婚　55,74
家父長制　53
空の巣症候群　69
環境　149
看護者－患者関係のプロセス　125
看護職養成教育　93
感情移入(Einfühlung)　19
感情移入(empathy)　16
間人主義　50
関与しながらの観察(participant observation)　124
技能　89
機能・形態障害(impairment)　147
機能的関係　101
客観的QOL　149
客観的次元　144
虐待　77
ギャング・エイジ　35
QOLの評価　144,149
共感(empathy)　19
共感的理解　122
共感的理解(empathic understanding)　20
教師　36,87
凝集性　103
共同作業　124
興味　88
勤勉性　89
グループ・ダイナミクス(集団力学)　99
ケアの開始と終結　160
経験欠乏症候群　93
劇場家族　56
結婚　64
血縁　76

健康教育プログラム　109
現実主義　48
幻想家族　56
好奇心　88
合計特殊出生率　54
公式(フォーマル)の人間関係　102
広大な国土　48
幸福感(well-being)　149
幸福感・満足感・生きがい　144
高齢化　132
高齢社会　61
刻印づけ(imprinting)　32
個性化　92
子育てサークル　63
子育てネットワーク　63
「子育て＝母親」論　83,84
ことば　42
コミュニケーション(communication)　21
コミュニケーション・スキル(communication skill)　28,48
孤立性(isolation)　67
孤老期　70
コンサルテーション　114
困難性の理解　156
コンボイ・モデル(convoy model)　140

さ

サクセスフル・エイジング　136
サナトリウム家族　57
斉一性　103
3か月微笑　6
在宅ケア　158
残忍型　78,81
自我　12
自我意識　91
自我同一性　91

自我同一性（アイデンティティ） 92
自我の統合（ego integrity） 137
自己 12
自己感の発達 15
自己決定権の尊重 156
自己実現の欲求 120
自己態勢（self dynamism） 16
自己中心性 90, 91
仕事中毒 55
自主独立 42
思春期（puberty） 36, 90, 91
視線 27
自尊の欲求 119
実習体験 96
疾病（disease） 147
児童虐待 81
支配－服従 78
自分自身との関係性 39
社会化 92
社会体制の変化 49
社会的不利（handicap） 147
社会復帰 152
若年離婚 73
就学前 87
集団 99
集団の凝集性と斉一性 102
重要な他者（significant others） 16
主観的QOL 149
主観的次元 144
熟年離婚 73
手段的サポート 142
受容（acceptance） 78
小家族 54
小学生期 89
消極性（indecisiveness） 69
少子家族 54
情緒 18
情緒性 45
情緒的関係 101
情緒的サポート 142

情緒的適温状態 78
情動体験 94
職場・地域・近隣社会の人間関係 38
職場不適応 109
ジョハリの窓 22
知りたい心 88
人口ピラミッド 132
新生児期の人間関係 31
身体言語（body language） 27
親密性（intimacy） 67
親密性対孤立性 66
人類との関係性 39
ストレス（stress） 106
ストレス耐性（stress tolerance） 106
ストレス・マネジメント 109
ストレッサー（stressor） 106
生活継続性の配慮 157
生殖性（generativity） 67
生殖性対停滞性 67, 68
精神性的発達論 33
正常 116
成人期 151
成人期の人間関係 38
成人後期 69
成人前期 66
成人中期 67, 68
成長期 150
青年期（adolescence） 36, 92
性別役割 64
生理的欲求 118
絶望感（despair） 69, 70, 137
専制型リーダー 100, 104
専門性 111
専門的理解 122
ソーシャル・サポート（social support） 142
ソーシャル・スキル 105
早期教育 148
相補性 65, 66

た

対人援助を専門とする職種（helping professionals） 10
対人感情 18
対人的（interpersonal） 124
対人的精神療法（interpersonal psychotherapy） 123
怠慢型 78, 80
タッチング（touching） 27
タテ関係 100
単身赴任 66
大学生期 91
チーム・ビルディング 111, 112
チーム・マネージャー 112
チーム・リーダー 112
知識 89
父親 33
父親研究 86
父親不在 55
中・高校生期 90
超高齢期（extremely-old） 135
つぼ型 132
つりがね型 132
停滞性（stagnation） 68
転勤 66
溺愛型 78
統合性（ego integrity） 69, 70
統合性対絶望感 69
同一性（アイデンティティ） 68
同一性再確立対消極性 68
同一性再確立（identity reconstruction） 68
動因（drive） 22
動機（motive） 22
動機づけ（motivation） 22, 29
同居者 159
同質性（homogeneous） 26
同性の親友 37

土着性　49

な

内的不変性　92
仲間　37
二次性徴　90
2次的障害　148
日常生活動作（activity of daily living：ADL）　149
乳幼児期　33
認容（approval）　78
能力障害（disability）　147
ノンバーバル（非言語的）・コミュニケーション　24
ノンバーバル・コミュニケーション・スキル　105

は

8か月不安　6
バーバル（言語的）・コミュニケーション　24
バーバル・コミュニケーション・スキル　105
バーンアウト症状　114
ピアサポート　114
非言語的コミュニケーション　47
非公式（インフォーマル）の人間関係　102
人と人の間　2
ヒューマニスティック心理学　117
ヒューマン・ネットワーク　61,63
表情　27
広い国土　48
病気　116
病者　116

ピラミッド型　132
不一致型不和　71
夫婦関係　38,64,65,70,72,74
夫婦のライフサイクル　66
フォーマル・サポート　142
複婚家族　53
不登校（登校拒否）　60
プロダクティヴ・エイジング　136
分離型不和　72
分離個体化論（separation individuation theory）　14
保育園　88
崩壊家族　60
方向づけ（orientation）　126
放任型リーダー　104
保健・福祉系の専門職者　143
保護−拒否　78
母子共生・結合　45
母子相互作用の同期現象　32
母子相互の働きかけ　5
母性　83
母性的養育の剥奪（maternal deprivation）　32,84
ホテル家族　58

ま

学び　35,94
学ぶ喜び　89,90
満足感（satisfaction）　149
未熟　93
未熟型不和　70
未熟性　93
未知領域　23
民主型リーダー　100,104
めざめ感　90
メディア　17

メンタルヘルス　110,113
盲点領域　23
目標達成機能（performance機能）　104
モデル　97
問題解決　126

や

役割（role）　140
友人　37
有能感（コンピテンス）　36,89,90
よい状態（a state of well-being）　117
要塞家族　58
幼稚園　88
ヨコ関係　100
欲求（need）　22
「欲求の階層」理論　117
よりそうこと　121

ら

リーダー　103,104
リーダーシップ　103,104
リーダーシップの型　100
離婚　55,72
恋愛関係　38
連続性　92
労働時間　66
老年期　152
老年期の人間関係　39
老年後期（old-old）　135
老年前期（young-old）　135
論争型不和　71
〈我とそれ〉　4
〈我と汝〉　3